ZU FUSS ÜBER DIE ALPEN
DER TRAUMPFAD VON MÜNCHEN NACH VENEDIG

LUDWIG GRASSLER

ZU FUSS ÜBER DIE ALPEN

DER TRAUMPFAD VON MÜNCHEN NACH VENEDIG

BRUCKMANN

INHALT

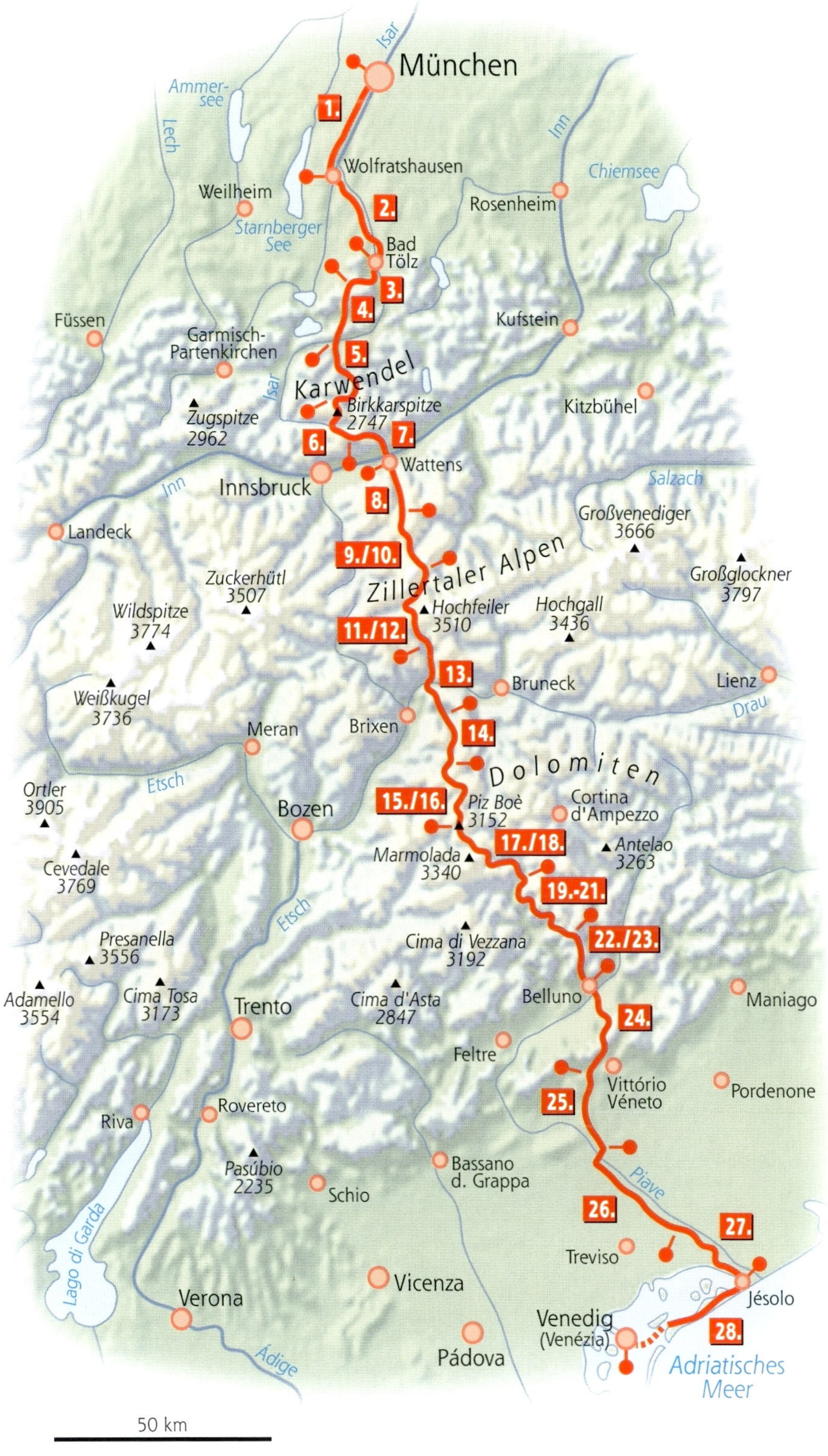

München
Isar
Ammersee
Lech
1.
Wolfratshausen
Weilheim
Starnberger See
2.
Rosenheim
Inn
Chiemsee
Bad Tölz
3.
4.
Füssen
Kufstein
Garmisch-Partenkirchen
5.
Karwendel
Isar
Zugspitze 2962
Birkkarspitze 2747
Kitzbühel
6.
7.
Wattens
Innsbruck
Inn
Salzach
8.
Landeck
Großvenediger 3666
9./10.
Zillertaler Alpen
Zuckerhütl 3507
Großglockner 3797
Wildspitze 3774
Hochfeiler 3510
Hochgall 3436
11./12.
13.
Bruneck
Lienz
Weißkugel 3736
Drau
Meran
Brixen
14.
Dolomiten
Ortler 3905
Etsch
15./16.
Piz Boè 3152
Cortina d'Ampezzo
Bozen
17./18.
Antelao 3263
Marmolada 3340
Cevedale 3769
19.-21.
Etsch
22./23.
Presanella 3556
Cima di Vezzana 3192
Adamello 3554
Cima Tosa 3173
Trento
Cima d'Asta 2847
Belluno
Maniago
24.
Feltre
Vittório Véneto
Pordenone
25.
Riva
Rovereto
Pasúbio 2235
Bassano d. Grappa
Schio
Piave
26.
Lago di Garda
27.
Treviso
Vicenza
Jésolo
Verona
Venedig (Venézia)
28.
Ádige
Pádova
Adriatisches Meer
50 km

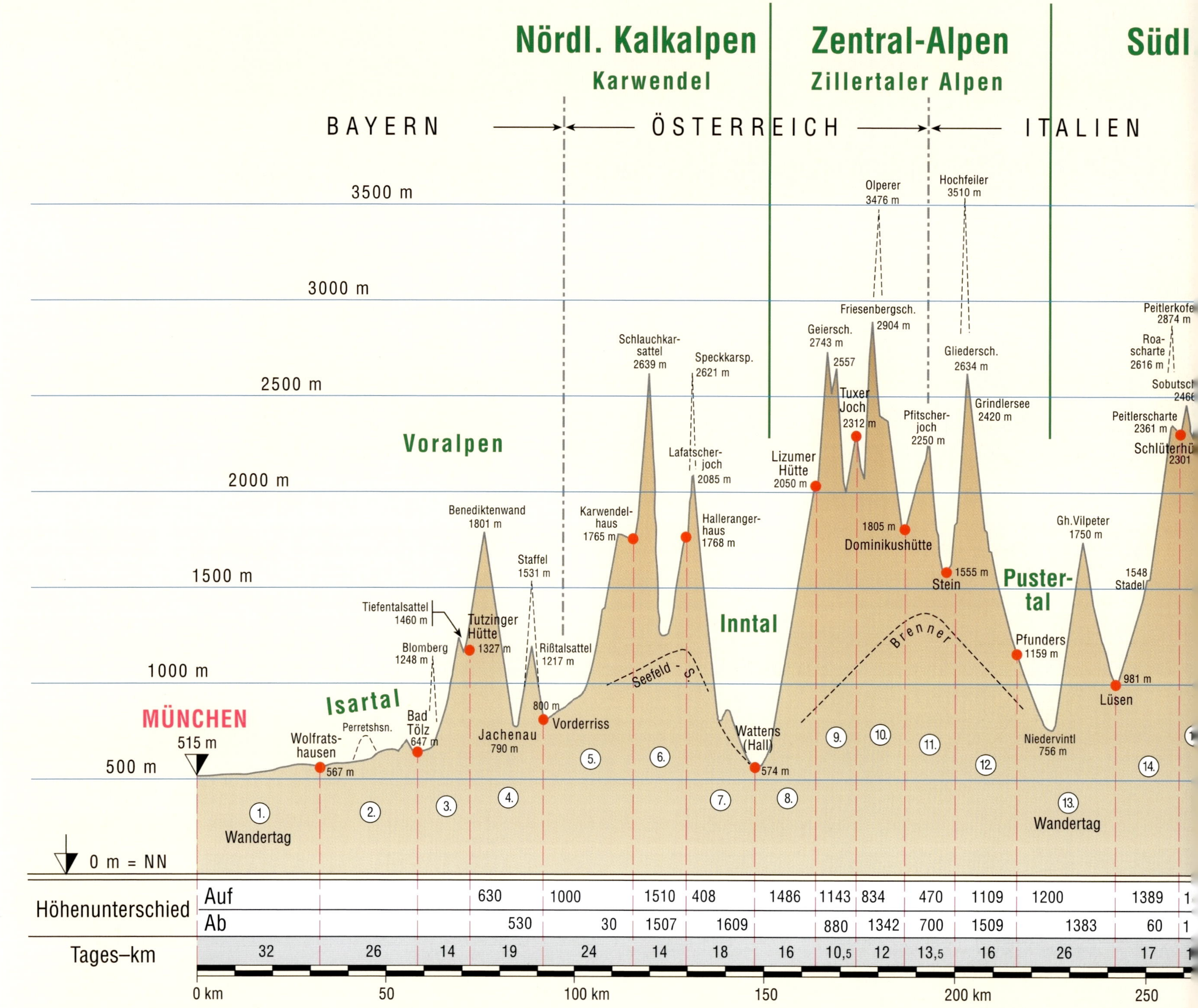

Längenschnitt der Wanderroute

50–fach überhöht ~ 520 km Wanderroute,

1. Wandertag: München – Wolfratshausen
2. Wandertag: Wolfratshausen – Bad Tölz
3. Wandertag: Bad Tölz – Tutzinger Hütte
4. Wandertag: Tutzinger Hütte – Vorderriß
5. Wandertag: Vorderriß – Karwendelhaus
6. Wandertag: Karwendelhaus – Hallerangerhaus
7. Wandertag: Hallerangerhaus – Wattens
8. Wandertag: Wattens – Lizum
9. u. 10. Wandertag: Lizum – Tuxerjoch – Dominikushütte
11. u. 12. Wandertag: Schlegeisgrund – Stein – Pfunders
13. Wandertag: Pfunders – Lüsener Alm
14. Wandertag: Lüsener Alm – Schlüterhütte

Kalkalpen

Dolomiten

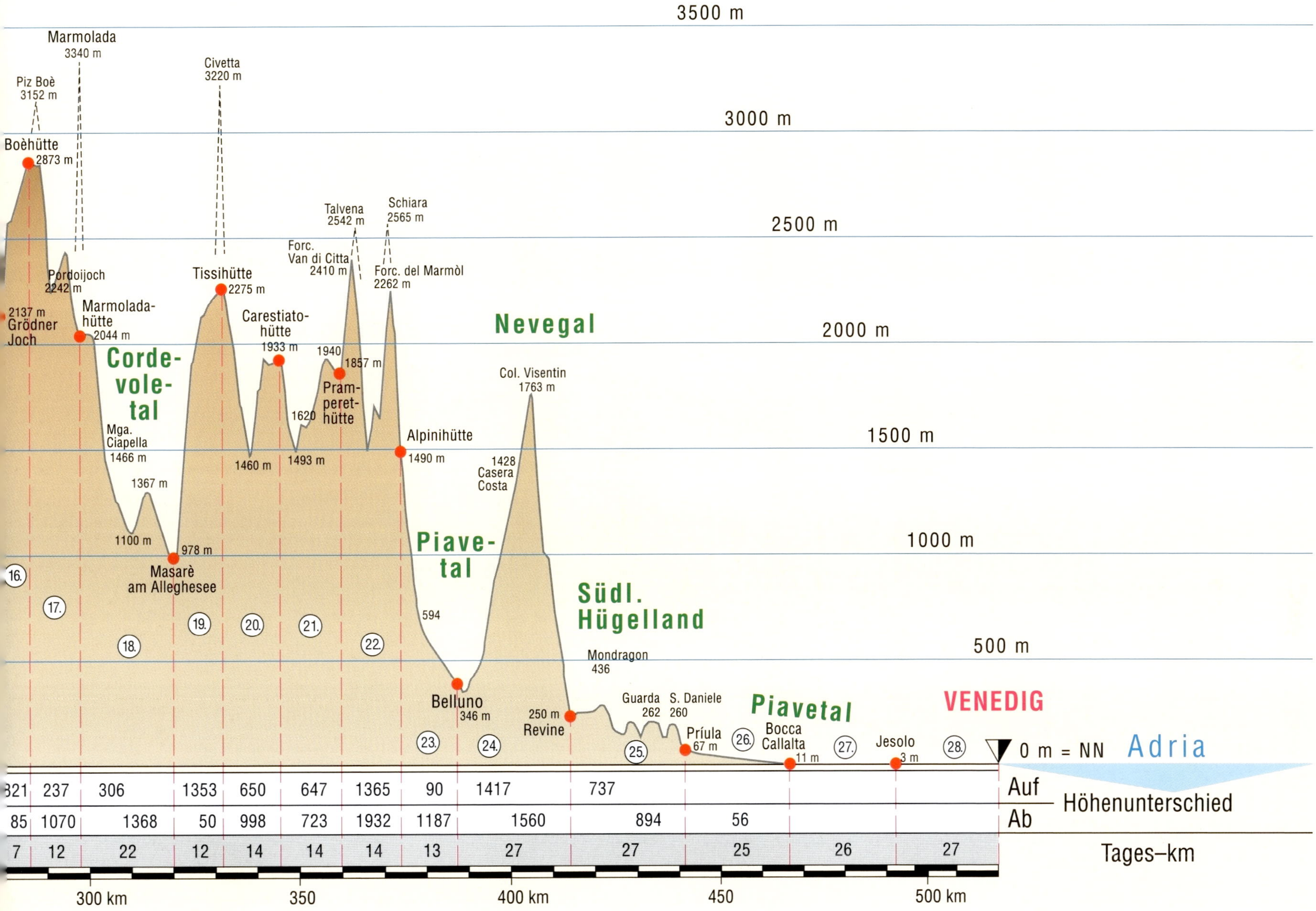

~ 20.000 Höhenmeter im Auf- und Abstieg in 28 Tagen (4 Ruhetage)

15. u. 16. Wandertag:
Schlüterhütte – Grödnerjoch – Boèhütte
17. u. 18. Wandertag:
Boèhütte – Marmoladahütte – Masarè am Alleghesee
19. bis 20. Wandertag:
Masarè – Tissihütte – Carestiatohütte – Pramperet

22. u. 23. Wandertag: Pramperet – Rif. 7° Alpini – Belluno
24. Wandertag: Belluno – Revine oder Targo
25. Wandertag: Revine oder Targo – Ponte Priula
26. Wandertag: Priula – Bocca Callalta
27. Wandertag: Bocca Callalta – Jesolo
28. Wandertag: Jesolo – Punta Sabbione – Markusplatz

VORWORT

Am 24. September 2004 um 18.08 Uhr sind es genau 30 Jahre, daß ich nach der ersten Begehung des gesamten Traumpfades auf dem Markusplatz in Venedig ankam. Sylvia Congost und Arnulf Killmann hatten mich begleitet. Auf Teilstrecken waren weitere Bekannte und Freunde mit von der Partie.

Meilensteine zum Erfolg des Traumpfades waren: die Herausgabe von zwei Sparkassenkalendern in den Jahren 1975 und 76, das Erscheinen des Bild- und Textbandes mit Wanderführer im Jahr 1977, die Übernahme von 100 Buchexemplaren durch die Siemens AG zur Verteilung an ihre Niederlassungen im Ausland 1978, meine zahlreichen Dia-Vorträge in den siebziger und achziger Jahren, zwei Vorträge in Dresden im Jahr 1990 mit jeweils 1100 Besuchern, 1987 die Aufnahme der Fernwanderung in das Programm des DAV-Summit Clubs mit derzeit vier Terminen im Jahr, der alljährlich ebenfalls ab 1987 stattfindende Wandertreff »8.8.8h« auf dem Marienplatz in München. Es folgten viele Veröffentlichungen in Wort und Bild in Zeitungen, Zeitschriften und vor allem auch durch Venedig-Wanderer (Dia-Vorträge, Filme u.a.), die Produktion von Fernsehfilmen durch das ZDF und Bayern 3 in den Jahen 1997-99, Sendungen auf verschiedenen Rundfunkkanälen, die Gründung des Freundeskreises der Venedig- und Pragwanderer im Hofbräuhaus 2001, Veröffentlichungen über das Internet durch Stefan Lenz ab 2002 und die erneute Herausgabe eines Bildkalenders von Karl Hupp durch Raiffeisenbanken des Oberlandes.

Zurück zum Anfang: Den wichtigsten Grundstein für diese Entwicklung setzte der Münchner Isartalverein mit der Abnahme einer Sonderausgabe des Buches für seine Mitglieder und Freunde zum 75-jährigen Vereinsjubiläum. Wie sehr dieses Geschenk ankam, zeigen die Zeilen von Dr. Ing. Reinhold Putz (1902-95), die er im Jahr 1977 schrieb: »Liebe Leut vom Isartalverein! Mit großer Begeisterung habe ich die prächtige Jubiläumsausgabe des ITV, den »Traumpfad über die Alpen«, entgegengenommen. Ich konnte nicht umhin, meinen Gefühlen in beiligendem Gedicht mit fröhlichen Reimen Ausdruck zu geben.

Das Traumpfad-Lied ist zu singen nach der Melodie des Frankenliedes (E. Becker und J. Viktor von Scheffel, 19. Jahrhundert).

Abschließend danke ich meinem Freund Stefan Lenz und seiner Frau Eva-Maria Troidl für ihre Arbeiten am Tourenbegleiter, Herrn Karl Hupp für seine Bildspende und natürlich den Damen und Herren vom Bruckmann Verlag für die Herstellung der Neuausgabe. Den Venedig- und Pragwanderern rufe ich zu: »Allzeit Gut-Fuß, erlebt viele Glanz- und Höhepunkte und immer eine glückliche Heimkehr!«

Frühjahr 2004
Ludwig Graßler

Bild linke Seite:
Das Neue Rathaus in München, eines der Wahrzeichen der Stadt, wurde 1867 bis 1909 nach dem Vorbild von flandrischer Gotik erbaut. Die Mariensäule ist namengebend für den ehemaligen Marktplatz. Kurfürst Maximilian ließ sie 1638 als Dank für die Bewahrung der Residenzstädte München und Landshut vor der Brandschatzung im Dreißigjährigen Krieg errichten.

Wohlauf, die Luft geht frisch und rein

Auf Fotos, ganz bezaubernd schön
mit Meisterschaft gestaltet,
zeigt er uns, wie in Tal und Höh'n
des Schöpfers Allmacht waltet.
Wir wandern heut auf seiner Spur
Von München bis Venedig
und wünschen uns das Eine nur:
Sankt Petrus sei uns gnädig!

Wer selber so nicht, wandern kann
– sei's Alter, sei's Gebrechen –
Der schaut sich Text und Bilder an,
die so lebendig sprechen.
Und Mancher, der dort selbst einmal
schritt fröhlich auf und nieder
erkennt beglückt im Bild nochmal
die schönsten Punkte wieder!

ZUM GELEIT

»NICHTS HINDERT UNS, NICHTS HÄLT UNS ZURÜCK«
VICTOR HUGO

Wandern, oder wie es früher hieß »Fußreisen«, ist nicht erst heute in Mode gekommen. Bereits der Schriftsteller Karl Philipp Moritz, ein Zeitgenosse Goethes, schrieb, dass in der zweiten Hälfte des 18. Jahrhunderts in Europa eine regelrechte »Fußtoursucht« ausgebrochen sei. Bekannte Deutsche wie Ludwig Richter, Friedrich Hebbel, Ernst Moritz Arndt und Johann Gottfried Seume wanderten quer durch Deutschland, ja durch ganz Europa. Erinnert sei nur an Seumes »Spaziergang nach Syrakus«, in dem er seine Wanderung von Dezember 1801 bis März 1802 von Leipzig nach Sizilien schildert.

Damals begann sich das Wandern langsam von seinem ursprünglichen Zweck, ein bestimmtes Reiseziel zu erreichen, ohne den Geldbeutel dabei allzu sehr zu belasten, zu lösen.

Die Bildungsreise kam in Mode. Neben der Begegnung mit anderen Sitten und Kulturen, wurde das Landschaftserlebnis und der Kontakt zur unverfälschten Natur immer wichtiger.

Viele Werke der Dichter und Denker des Postkutschenzeitalters zeugen von den Anregungen und der Kraft, die sie unmittelbar aus ihren »Fußreise«-Erlebnissen schöpfen konnten.

Vieles, was bereits jene Wanderer in ihren Reiseberichten ausgesprochen haben, kann auch für uns Fußreisende des beginnenden 21. Jahrhunderts nicht besser gesagt werden.

Die Wanderlust, die Freude am Unterwegssein, das Sichfinden in der Begegnung mit der Natur sind damals wie heute gleich geblieben.

Auch die Wandervogelbewegung der 1920er-Jahre suchte ihr Glück im Rückzug in die unversehrte Natur – ein Weg, der vielen als weltfern und romantisch galt. Doch kann das Erlebnis der Natur nicht auch den Blick für das Wesentliche öffnen, muss ihre Ruhe und Zeit nicht zwangsläufig das hektische und lautstark wichtigtuerische Tagesgeschehen relativieren?

Das Wandern kann uns helfen – nicht die Augen vor der Welt abzuwenden, sondern sie für das Wesentliche, die Ganzheit unseres blauen Planeten zu öffnen. Nicht nur deshalb ist Wandern mehr denn je zeitgemäß. Gerade für uns übergewichtige, bewegungsarme und stressgeplagte Stadtmenschen ist es ein therapeutisches Mittel, ein Quell der Gesundheit; allerdings nicht unbedingt für jene Zeitgenossen, die neben lärmenden und stinkenden Blechkolonnen entlang der großen Straßen von einer Stadt zur anderen marschieren. Genauso wenig hat der nur Auszeichnungen sammelnde Volkswanderer den Sinn des Wanderns wirklich erfasst.

Sie alle erfahren nichts von der Freiheit und dem Zauber des Wanderns in der Natur.

Erst wenn man sich von Rad und Wagen löst und den Rucksack schultert, kann man entlang munter dahinplätschernder Bäche schlendern und über Jöcher und Scharten steigen …

Für mehrere Tage, in unserem Fall für vier Wochen, muss man sich von zahlreichen zivilisatorischen Annehmlichkeiten und vom Alltagstrott losreißen. Aber zahllose stille und auch gewaltige Naturschönheiten entschädi-

Die Anbindung Münchens an das Europäische Netz der Fernwanderwege

Erklärungen
Europäische Fernwanderwege:
( ) = nicht aufgeführt

E 1 Nordsee – Bodensee – Gotthard, ca. 2500 km

(E 2) Nordsee – Genfer See – Mittelmeer, ca. 2400 km

E 3 Atlantik – Pyrenäen – Ardennen – Böhmerwald – Karpaten – Schwarzes Meer, ca. 2600 km

E 4 Gibraltar – Pyrenäen – Jura – Bodensee – Neusiedler See – Balaton – Eisernes Tor – Peloponnes (mit Voralpen- und Kalkalpen-Varianten), ca. 2700 km

E 5 (Atlantik) – Bodensee – Adria, ca. 600 km

E 6 Ostsee – Wachau – Adria – Ägäis – Bosporus, ca. 2800 km

E 7 Atlantik – Mittelmeer – Gardasee – Eisernes Tor – Schwarzes Meer

E 8 Rhein – Main – Donau – Karpaten – Bosporus

Österreichische Weitwanderwege:

(01) Bodensee – Dachstein – Neusiedler See bzw. Wien

02 Hainburger Pforte – Alpenhauptkamm – Vorarlberger Rheintal = »König der Weitwanderwege«

03 Südsteirisches Weinland – Karawanken – Karnische Alpen

04 Wienerwald – Salzkammergut – Berchtesgadener Land – Bregenzer Wald, siehe E 4

(05) Böhmerwald – Wachau/Ötscherland – Weststeirische Hochalpen

(06) Nebelstein – Mariazell, Wien – Mariazell – Graz – Klagenfurt

(07) Thayatal – Wiener Lobau – Burgenländischer Seewinkel – Südoststeirisches Weinland

(08) Waldviertel – Gesäuse – Seckauer und Seetaler Alpen – Östliche Karawanken

09 Mühlviertel – Totes Gebirge – Nockberge – Westliche Karawanken

10 Böhmerwald – Innviertel – Steinernes Meer – Gasteiner Tal – Karnische Alpen

Quellen:

Gesamtplan der Europäischen Fernwanderwege der Europäischen Wandervereinigung e.V.

Weitwanderkarte Österreich, Verlag Freytag&Berndt, Wien

Münchner Merkur

Bayerische Weitwanderwege:

M Mainwanderweg: Weißmainquelle – Aschaffenburg, ca. 524 km

(A) Ochsenkopf – Passau – Rosenheim

B=J Juraweg: Staffelstein – Regensburg, 237 km

(C) Eltmann – Ellingen – Eichstätt – Neuburg/Donau, ca. 222 km

(D) Wertheim – Feuchtwangen – Weißenburg in B/J, ca. 178 km

(E) Wertheim – Donauwörth, ca. 262 km

Tr = Traumpfad

Prag – Böhmerwald – Donau – Isartal – München – Ostalpen – Bolluno – Piavetal – Adria – Venedig, ca. 1000 km

Die Route ist nur teilweise und nicht einheitlich markiert; nur zum Teil werden die Wegabschnitte betreut.

gen reichlich dafür. Die Länge der Zeit, das vielgestaltige Erleben zusammen mit dem körperlichen Gefordertwerden, verhelfen zu einem restlosen Abschalten. Dauerhaft verlagern sich die Gewichte. Jene Fußgängerfreiheiten allerdings, die der Schriftsteller Ernst Moritz Arndt im vergangenen Jahrhundert preist, wurden für uns sehr eingeschränkt. Die sich ausdehnenden Städte fressen die Landschaft, so wie der Ausbau der Straße die stillen Wege verschlingt. Auch auf dem Lande ist anstelle des besinnlichen Kirchgangs die schnelle Autofahrt getreten. Dadurch gehen leider immer mehr Kirchwege ein, die über Wiesen und an den Feldrainen entlang führten. Für einen Wanderer unserer Tage ist es deshalb gar nicht so leicht, durchgehende Pfade über weite Strecken zu finden. Am einfachsten ist dies noch entlang von Wildflüssen und im Gebirge möglich.

Unsere Route führt uns zuerst an der Isar entlang hinauf zu den Bergen. Jenseits der Alpen begleitet uns der Piave an die Adria. Beim Aufbruch entlässt uns die anheimelnde Gemütlichkeit der Münchner Stadt, am Ende steht die Kunst und der verblassende Glanz Venedigs, der einstigen Beherrscherin der Meere. Dazwischen liegen die weißen Kalkwände des Karwendels, die firnglänzenden Höhen der Zillertaler Berge und die lieblichen Matten mit ihren roten Felsburgen in den Dolomiten. Die Wanderung endet schließlich mit einem beschaulichen Spaziergang entlang des Adriatischen Meeres.

Fürwahr, ein echter Traumpfad, wie er schöner nicht sein kann!

Wie kam es zu dieser Alpenüberquerung?

Isartalverein kauft Weißleiten!

Im Jahr 1965 erwarb der renommierte Münchner Isartalverein (ITV) die 5 Hektar große Weißleiten, ein Isarsteilufer zwischen Wolfratshausen und Bad Tölz. Die hübschen Ausblicke, zogen vor dem Krieg Münchner Maler an. Deshalb heißt dieses Steilufer im Volksmund auch Malerwinkel. Der Vereinsvorstand bat mich, das Waldgelände mit einem Wanderweg zu erschließen.

Damals endeten die beliebten Spazier- und Waldwege dieses bereits 1902 von dem Münchner Architekten Gabriel von Seidel gegründeten Vereins zur Erhaltung landschaftlicher Schönheiten im Isartal in Wolfratshausen, 30 Kilometer südlich von München. Munitionsfabriken im weiten Wolfratshausener Forst aus der Ära des Dritten Reiches, mit vielen Bunkern und hohen Zäunen, hatten die Fußwegverbindung isaraufwärts unterbrochen. Die Stadt Bad Tölz, reizvoll am Alpenrand gelegen, ist Patenstadt von Wolfratshausen. Dazwischen liegt eine in Europa selten gewordene Wildflusslandschaft. Was lag da näher, als einen durchgehenden Fußweg bis an den Alpenrand zu suchen?

Wanderweg Wolfratshausen – Bad Tölz – Lenggries

Bei einem der zahlreichen Erkundungsgänge im Dickicht der Flussauen hörten meine Frau und ich plötzlich eine Stimme von oben: »Ja seid's denn Ihr ganz verruckt worn?« Sie kam von einem Hochsitz! In der Dämmerung waren wir einem Jäger und seinem prominenten Jagdgast vor die Flinte gelaufen. Nach einigen solchen kleineren und größeren Zwischenfällen konnte die geplante Route allmählich auf einer Karte festgehalten werden. Verschiedene Pfadfindergruppen und der Königsdorfer Burschenverein halfen bereitwillig beim Ausbau. Mein erstes Auto bewährte sich als Gelän-de- und Transportfahrzeug für die verschiedensten Werkzeuge und Gerätschaften. Die Trägerschaft der Baumaßnahmen übernahm der Isartalverein, finanziell unterstützt von verschiedenen Behörden, besonders von den Landkreisen Wolfratshausen und Bad Tölz. Entlang der Wanderroute schützen Naturfreunde die vielen seltenen Blumen und Pflanzen.

In Absprache mit der Stadt Bad Tölz, der Unteren Naturschutzbehörde und den angrenzenden Gemeinden, legte ich schließlich die Wanderroute isaraufwärts bis Lenggries fest. Für den Ausbau finanzierte der Landkreis im Jahre 1968 ein internationales Jugendlager. Junge Menschen aus verschiedenen europäischen Ländern rodeten Weidendickicht und planierten die Wegtrasse. Eine alljährliche Isarwanderung zum Alpenland während der Orchideenblüte wurde inzwischen zur Tradition.

Erster Wandertag; Blick auf den Zusammenfluss von Isar (links) und Loisach (rechts); am Horizont die Benediktenwand und rechts dahinter das Karwendel.

Siebentägige Wanderung zur Isarquelle

Die rauschende Isar lockte uns immer weiter in die Berge hinein. So brach ich im Herbst 1972 mit Freunden und Mitgliedern des ITV zu einer siebentägigen Wanderung von München-Großhesselohe zur Isarquelle im Karwendel auf. Als wir dann an einem schönen Herbsttag durch das wildromantische Vomperloch in das Inntal hinauswanderten, sagte eine Wandergefährtin: »Jetzt wäre es schön, noch in die Zillertaler Berge und hinein in die

Bild links:
Teil der Schiaragruppe (Östliche Dolomiten) von Süden. Sie ist die letzte hohe Felsbarriere vor Belluno. Im Bild die Pale del Balcón sowie das Felstürmchen der Gusèla del Vescova.

Bild Seite 22:
Ausblick vom »Malerwinkel« (Weißleiten) auf das Isartal bei Bairawies; zweiter Wandertag.

Dolomiten zu gehen«! Eine andere, die schon etwas von den Dolomiten-Höhenwegen wusste, nannte die reizvolle, südlich gelegene Bergstadt Belluno als Ziel. Der Wildfluss Piave, ein südliches Gegenstück zur bayerischen Isar, führt von dort bis an den Golf von Venedig. Langsam reifte der Plan, München und Venedig durch eine Wanderroute entlang der beiden Bergflüsse nördlich und südlich der Alpen und den Dolomiten-Höhenwegen als Mittelstück zu verbinden. Der Anblick verstopfter Autostraßen und die immer mehr aufkommende Wanderlust gaben weiteren Auftrieb.

Ein Jahr Vorbereitungen

Für einige hundert Mark beschaffte ich mir Wanderkarten über die Gebiete von der Isarmündung bei Deggendorf bis zur Lagune von Venedig. Eine Teilstrecke in den Tuxer Alpen kannte ich aus meiner Gebirgsjägerzeit. Damals – 1942 und 1944 – sind wir noch über die ächzende Holzbrücke vom Bahnhof Fritzens nach Wattens hinübermarschiert. »Ohne Tritt!« lautete das Kommando, um nicht im Gleichschritt das alte Brückenbauwerk ins Schwingen oder gar zum Einstürzen zu bringen. Wochenendwanderungen und ein Kurzurlaub im Frühsommer 1973 im nördlichen Südtirol halfen weitere Lücken schließen. Doch es blieben noch genug Ungewissheiten.

Zwischenzeitlich, als oben in den Bergen noch tiefer Schnee lag, begannen wir eine Fernwanderung an der Mündung der Isar in die Donau. Mit dem einziehenden Frühling wanderte ich mit einer kleinen Gruppe an Ostern und jeweils an Wochenenden isaraufwärts. Wir erlebten die vielbesungene Isar in ihrer ganzen Länge (283 km). Dies war ein gutes Vortraining für die Alpenüberquerung.

Erste Alpenüberquerung – jedoch vor dem Ziel gescheitert

Am 8. September 1973 war es dann endlich so weit. An einem der schönsten Plätze Oberbayerns, auf dem Tölzer Kalvarienberg, verabschiedeten die Wolfratshauser Jagdhornbläser mit besinnlichen Weisen zwei Dutzend Wanderer. Jenseits der Isarquellen, im Inntal, endete die offizielle Führung für den Isartalverein. Am 28. September erreichte ich mit einer kleinen Gruppe Belluno; von dort sind es noch 110 Straßenkilometer bis Venedig. Die Freunde verabschiedeten sich. Vom Nevegal (1763 m), dem letzten alpinen Höhenrücken, stiegen meine Frau und ich in den Verkehrskessel Vittorio Vèneto hinab. Nach tagelangem Regen und Schneefall in den Dolomiten hatten wir nun erneut schlechtes Wetter. Außerdem fanden wir nur noch belebte Autostraßen, aber keine Wanderwege mehr! Zu allem Übel schmerzte meiner Frau die dünne Haut an den wund gelaufenen Fersen, und bei mir machten sich erneut die Folgen eines leichten Muskelanrisses bemerkbar. Ich hatte ihn mir sechs Tage zuvor in der Civetta zugezogen. So mussten wir vier Wandertage vor dem Ziel aufgeben. Wir stiegen in den Bus nach Treviso und erreichten mit der Bahn am frühen Nachmittag des 1. Oktober 1973 die Lagunenstadt Venedig. Gescheitert! Der Gedanke aber, durch das Hügelland westlich von Vittorio Vèneto die Wildflusslandschaft am Piave mit ihren Dämmen bei Nervesa della Battaglia und schließlich das Meer bei Jesolo zu erreichen, ließ mich nicht los.

Bild links:
San Marco, die Markuskirche an der Ostseite des weltberühmten Markusplatzes. Der erste Bau aus dem 9. Jahrhundert barg die Gebeine des Evangelisten Markus. Der jetzige Bau mit dem Grundriss eines griechischen Kreuzes stammt aus dem 11. Jahrhundert.

Bild Seite 24:
Wilde Schiara; Ausblick von der Via ferrata del Marmòl, die absolute Trittsicherheit, Schwindelfreiheit und Klettersteig-Sicherheitsausrüstung verlangt, auf den Monte Pelf. Die Originalroute des »Traumpfads« führt im Abstieg über diesen Klettersteig. Im Begleitheft ist jedoch eine Ausweichroute beschrieben.

Erneute Vorbereitungen

Ostern 1974 erkundete ich einen besseren Abstieg vom Nevegal zu einem Ausflugsgasthof nach Lago di Revine und die Fortsetzung Richtung Mondragon.

Der Schnee in der Schiara ließ wiederum die Begehung des Klettersteigs oberhalb der Siebten-Alpini-Hütte nicht zu. Diese letzte Felsbastion der Dolomiten mussten wir bereits bei der Wanderung 1973 wegen Neuschnee umgehen. Auch fehlte diesmal die Zeit, um die Flusslandschaft am Piave näher kennenzulernen. Also blieben auch für die Wanderung 1974 noch genügend Fragen offen. Um das Risiko von herbstlichen Schneefällen zu vermindern, und um die meist beständige Spätsommer-Schönwetterlage auszunutzen, begannen wir die Wanderung 14 Tage früher als im Jahr zuvor. Anfang August 1974 belieferte ich unsere Depots im Inntal und in den Dolomiten mit Wäsche, Karten u. ä. notwendigen Utensilien zum Auswechseln.

Endlich am Ziel

Bewusst wählte ich als Aufbruchsort den Marienplatz in München. Diesmal musste ich den Markusplatz erreichen! Und die Wanderung 1974 wurde schließlich auch ein einmaliges Erlebnis, ein Höhepunkt, wie er kaum übertroffen werden kann. Von den 33 Tagen hatten wir nur drei ausgesprochene Schlechtwettertage. Bei herrlichstem Fotografierwetter konnten wir mehrere Gipfel besteigen. Zusammen mit meinen Wanderkameraden stand ich nach 27 Wandertagen und nach Überwindung von insgesamt 20 000 Höhenmetern endlich am Meer und wenige Stunden später auf dem Markusplatz in Venedig. Es ist nicht nur das sich selbst gesetzte und schließlich erreichte Ziel, das uns froh und glücklich macht, vielmehr sind es die Erinnerungen an die zahllosen Naturschönheiten dieses Traumpfades über die Alpen und an die Begegnungen mit den Menschen, die dort wandern oder leben. All dies weckt erneut den Wunsch, möglichst bald wieder vom Marienplatz zum Markusplatz unterwegs zu sein.

Aufbruch in Münchens »Guter Stube«

Als wir am Morgen des 24. August 1974 von Münchens Marienplatz zu unserer großen Wanderung über die Alpen aufbrechen, verabschiedet uns die Sängerzunft Wolfratshausen mit Wanderliedern. In der Ecke beim Donisl schlagen sich ein paar Übernächtigte die Köpfe wund. Die Polizei hat Mühe, die betrunkenen Hitzköpfe auseinander zu bringen. Ein Zuschauer meint: »Eure romantischen Lieder sind hier nicht angebracht. Sie sind nicht mehr zeitgemäß.« Von der anderen Seite des Platzes tritt ein junger Mann auf mich zu, drückt mir einen Geldschein in die Hand und sagt: »Endlich etwas Vernünftiges! Wenn ihr in Südtirol seid, so trinkt einen Tiroler Roten auf mein Wohl!« Soviel zu unserer Verabschiedung auf dem Platz, dessen Freihaltung Kaiser Ludwig der Bayer im Jahr 1325 mit folgenden Worten angeordnet hatte: »furbas sollte darauf nieman niht pauwen, weder mauren, noch zimmern dürfen.« Zum Wohl seiner Untertanen wünschte der Kaiser vielmehr: »daz der Margt dest lustsamer und dest schöner und dest gemachsamer sei.« Bis zur beschaulichen »Guten Stube« der Stadt war es jedoch noch ein weiter Weg.

Blick vom »Alten Peter« auf den Turm des Alten Rathauses. Es gilt neben dem Alten Hof und der Residenz als bedeutendster weltlicher Bau der frühen Stadtgeschichte und wurde 1310 erstmals erwähnt.

Der Platz hat im Laufe der Jahrhunderte die verschiedensten Ereignisse und Veränderungen erlebt. Im Mittelalter hat hier mancher Verbrecher bei einer öffentlichen Hinrichtung sein verwirktes Leben lassen müssen; eine der grauenvollsten war die Enthauptung des Raubrittes Dietz von Schaumburg im Jahr 1337. Er erbat sich als letzten Wunsch vom Kaiser, dass seine vier mitgefangenen Knechte am Leben bleiben dürfen, falls er selbst nach seiner Hinrichtung ohne Kopf an ihnen vorbeilaufen würde. Und tatsächlich: Der kopflose Dietz erhob sich vom Scharfrichterblock, lief an seinen Knechten vorüber und brach erst dann zusammen.

Zwischen 1370 und 1440 fanden fast jedes zweite Jahr Kampfspiele der Ritter statt. Besonders großartig waren sie in Verbindung mit Festlichkeiten des Hofes. Zur Fastnacht im Jahr 1500 kam sogar Kaiser Maximilian, der »Letzte Ritter«, zum Rennen und Stechen. Die Bayerischen Fürsten begrüßten auf dem Platz im Jahr 1434 den Kaiser Sigismund, 1491 Kaiser Maximilian I. und 1530 Karl V. Der Träger der deutschen und der spanischen Krone besuchte auf dem Weg zum Reichstag in Augsburg die Stadt. Zu seinen Ehren veranstaltete man am Abend auf dem Marktplatz ein Feuerwerk, bei dem ein hölzernes Schloss in Flammen aufgehen musste.

An eines der aufwendigsten Feste, das die Münchner je auf ihrem Marktplatz feierten, erinnert das Glockenspiel auf dem Rathausturm. Im Jahr 1568 feierten Hof und Stadt acht Tage lang die Vermählung des späteren Herzog Wilhelm V. mit Renate von Lothringen.

Während des Dreißigjährigen Krieges wurde auch München von den Schweden heimgesucht. Zum Dank, dass ihm die Stadt trotz aller schweren Bedrohungen erhalten blieb, errichtete Kurfürst Maximilian I. auf dem Marktplatz die Mariensäule. Am 7. November 1638 wurde sie feierlich eingeweiht. Aus dem Münchner Marktplatz, dem Schrannenplatz, wurde der Marienplatz.

Vom lebhaften Treiben am allwöchentlichen Marktplatz berichtet das »Vaterländische Magazin« im Jahre 1840: »Man trete in irgendeiner der Morgenstunden gegen den Schrannenplatz, in allen dahinführenden Straßen und Gassen steht oder fährt Wagen an Wagen, und auf dem Platze selbst herrscht ein Drängen, Stoßen, Rufen, ein Knäuel von unterschiedlichen Bewegungen, in welche die aufsichthaltenden Gendarmen und Soldaten kaum noch einige Ordnung zu bringen vermögen ... Bei Einbruch der Nacht schließt endlich das wüste Stück Leben ...«

Als im Jahr 1854 täglich mehr als 100 Menschen in der Stadt an Cholera starben, versammelten sich am 28. August 20 000 Menschen zu einem Bittamt vor der Mariensäule. Ein Blumengärtchen mit Eisengitter umgibt sie, schreibt Gsell Fels in seinem Stadtführer von 1908 und erwähnt weiter, dass vor der Säule oft andächtige Landleute knien.

Im Lauf der Zeit hat der Platz auch sein Aussehen gewandelt. Von 1867 bis 1909 wurde an der Stelle von 24 Altmünchner Häusern das Neue Rathaus um sechs Innenhöfe errichtet; gebaut von Hauberrisser in Anlehnung an die flandrische Gotik. Seine Frontseite ist fast 100 Meter lang und reich an figürlicher und ornamentaler Bauplastik. Im 80 Meter hohen Turm befindet sich das Glockenspiel mit 43 Glocken, welches der Münchner Kaufmann Konsul Rosipal im Jahr 1904 gestiftet hat. Es ist das größte Glockenspiel Deutschlands. Täglich um 11.00 Uhr kündet es von Szenen aus der Stadtgeschichte.

Am Ende des zweiten Weltkrieges fiel der Marienplatz in Schutt und Asche. In den Jahrzehnten nach dem Wiederaufbau wurde mit Verkehrslärm und Benzingestank das »Gemachsame« erneut verbannt. Erst mit der Schaffung der Fußgängerzone wurde der ehemalige Schrannenplatz (1853 Verlegung des Getreidemarktes) wieder »lustsamer«, schöner und gemächlicher. Er wurde dadurch wieder zu einer Stätte menschlicher Begegnungen, wo diskutiert, musiziert und gefeiert wird.

Das Sendlinger Tor in München um 1840.

Anlässlich der 800-Jahr-Feier Münchens war ein besonders festliches Ereignis der große, gemeinsame Gottesdienst zu Füßen der Mariensäule. Sie beherrscht als Weihemonument die Mitte dieses historischen Platzes und ist zugleich der geographische Mittelpunkt der Landeshauptstadt; außerdem gilt sie als Vermessungs-Kilometer-Nullpunkt Bayerns.

Was lag da näher, als von hier aus den Weg über die Alpen zu beginnen? Schließlich gilt München nicht nur der Schriftstellerin Richarda Huch (1864–1947) als Stadt der Bergluft und des südlichen Himmels sowie als Brückenpfeiler zwischen Deutschland und Italien.

VORALPENLAND

VON ISAR UND LOISACH DURCHFLOSSEN

Bild oben: *Alte Darstellung des Georgensteins, eines der Isar unterhalb von Baierbrunn auftragenden Nagelfluhfelsens. Er wurde nach dem Namenspatron eines Lenggrieser Flößers, der hier einst in Not geriet, benannt.*

Bild oben rechts: *Deckengemälde von J. B. Zimmermann (geschaffen 1754–1756) in der barocken Klosterkirche von Schäftlarn. Es zeigt die Klostergründung 1140 durch Bischof Otto von Freising.*

Hüter einer Wildflusslandschaft vor den Toren der Großstadt

»An den Tyroler Bergen standen die Wolken in ungeheuren Massen fest… Der Weg geht auf die Höhen, wo man unten die Isar fließen sieht, über zusammengeschwemmte Kieshügel hin. Hier wird uns die Arbeit der Strömungen des uralten Meeres fasslich… Nun ging mir eine neue Welt auf!« So schreibt Goethe in der »Italienischen Reise« über die Landschaft, die wir zu Beginn unserer Fußreise durchwandern. Leider ist diese in Europa einmalige Wildflusslandschaft stark gefährdet. Der Kampf um sie dauert schon Jahrzehnte. Wasserentzug und Flussverbauungen waren die empfindlichen Eingriffe. Oft ist es nur Gedankenlosigkeit, die in der Summierung aber die Flora zerstört und die Ruhe beeinträchtigt. Da und dort sind es aber auch handfester Egoismus, wirtschaftliche Interessen, oder ein besonderes Geltungsbedürfnis, die direkt oder indirekt diesen selten gewordenen Landschaftscharakter verändern.

Man schrieb das Jahr 1902: Gabriel von Seidl, der große Münchner Architekt, Erbauer des Bayerischen Nationalmuseums und ein Freund des Malerfürsten Lenbach, spazierte mit seinen Kindern entlang des Höhenrandweges südlich von Baierbrunn. da standen sie plötzlich vor einem Zaun, der den beliebten und bislang freien Weg versperrte. Der Architekt schrieb daraufhin an das Bezirksamt in Wolfratshausen: »Der Weg ist nach dem Zeugnis des Vorbesitzers und vieler anderer Personen, auch durch die ganze Art der Anlage und durch viele jahrzehntelange Benützung, ein öffentlicher«. Seidl beließ es aber nicht allein bei diesem Schreiben. Er erkannte die große Gefahr für die wertvolle Erholungslandschaft und schloss sich deshalb mit Gleichgesinnten zu einem Verein zur Erhaltung der landschaftlichen Schönheiten des Isartals (ITV) zusammen. Damit war der Isartalverein gegründet. Das erste Mitglied war der damalige Innenminister Freiherr von Feilitzsch. Viele bedeutende Künstler, Gelehrte, Politiker und angesehene Bürger folgten dem Aufruf Seidls.

Seitenlange Verse widmeten beispielsweise Hermann und Eugen Roth diesem Verein. Letzterer schrieb: »Das Grün um München wird sehr schmal!

/ Fast bleibt nur noch das Isartal. / Soll das nicht auch verloren sein, / Steht treu zum Isartalverein!«

Von der ersten Stunde an im Jahre 1902 blieb es aber nicht allein bei Worten; bereits der erste Jahresbericht verzeichnet 30 000 Mark Stiftungsgelder. Und auch heute noch finden sich hochherzige Gönner, die dem Isartalverein ansehnliche Erbschaften vermachen. Gemäß der Devise: Der sicherste Naturschutz ist der Grundstückserwerb!, kaufte der ITV im Laufe seines 75-jährigen Bestehens rund 150 Hektar Grund. Meist handelte es sich um herrliche Aussichtsgrundstücke und wertvolle Biotope, die nun für alle Zeit gesichert sind. Neben dem Grundstückserwerb strebt der ITV den Ausbau sowie den Unterhalt von Wanderwegen an.

Zum 60. Vereinsjubiläum widmete Eugen Roth, der allseits bekannte und beliebte Münchner Dichter, dem Isartalverein folgendes Gedicht:

Der Münchner hat gar reiche Wahl
Im Grünen zu lustwandeln,
Am schönsten ist das Isartal
So lang sie's nicht verschandeln.

Das würde längst geschehen sein
Wollt's nicht davor bewahren
Der wackre Isartalverein
Seit nunmehr sechzig Jahren.

Lasst ihn, Ihr Münchner, nicht im Stich
Es könnt Euch sonst gereuen:
Noch Eure Enkel sollen sich
Der schönen Landschaft freuen!

Bild oben:
Die deutsche Tamariske (Myricária germánica), auch Rispelstrauch genannt, wird bis zu zwei Meter hoch. Sie kommt selten vor und wenn, dann in den Auen der Alpenflüsse.

Bild oben links:
Die Polster bildende Pionierpflanze Silberwurz ist ein Rosengewächs und kommt in Kalkalpengebieten sowie in Flussauen vor

Weiden-Tamarisken-Flur

Die Schneeschmelze im Frühjahr oder ausgiebige Regenfälle im Sommer lassen die ansonsten gezähmte Isar auch heute noch mächtig anschwellen. Nach Abklingen des Hochwassers leuchten die blankgeputzten oder neu aufgeschütteten Kiesflächen. Zum größten Teil bestehen sie aus den abgerundeten, bis faustgroßen Kieseln der Kalkalpen (Hauptdolomit und Wettersteinkalk). Dort wo die Fließgeschwindigkeit geringer ist, lagert sich Schluff und Sand ab. Er stammt zum Teil aus der Flinzregion der Vorberge. Bei näherem Hinsehen findet sich Feinmaterial auch zwischen dem groben Geröll.

Gleich interessant für den Naturliebhaber wie für den Fachmann ist es zu beobachten, wie sich auf dieser scheinbar sterilen Steinwüste erstes

Neben Kirche und Wirtshaus bestimmt der Maibaum den bayerischen Ortskern. Symbole, ein Spruch, Zunftzeichen und örtliche Besonderheiten schmücken den Maibaum. Im Bild der Brauchtumsbaum von Baierbrunn (erster Wandertag).

Pflanzenleben ansiedelt. Genügsame Pioniere sind es, die Hitzegrade über 35 Grad Celsius sowie gelegentliche Überflutungen, Überschiebungen und auch Trockenheit aushalten. Zwei Vertreter aus der etwa 300 Arten umfassenden Gattung der Weiden (Salix), nämlich die Purpur- und die Grauweide, zählen dazu. Ihr in Massen auftretender Same besitzt nur eine kurze Keimkraft. Die Blüten sind zweihäusig, d. h. männliche und weibliche Blüten wachsen auf verschiedenen Sträuchern. Zu diesem Gehölz gesellt sich gerne eine Staude, die Schnee-Pestwurz aus der Familie der Korbblüter. Bevor ihre großen Blätter, die zu den größten in der heimatlichen Pflanzenwelt zählen, sich entfalten, schieben sich die weißen oder weißroten Blütenschäfte aus dem steinigen Boden. Die Blüte ist sowohl zweihäusig als auch zwittrig. Ihr Same reift bereits im Hochsommer. Zusammen mit den Weiden bildet die Pestwurz ein weitverzweigtes Wurzelsystem. Es verankert sich immer mehr im Boden und schützt ihn so vor Erosion durch den reißenden Fluss. Als dritte im Bunde der Pionierpflanzen sei noch der zweijährige Natternkopf (Echium vulgare) genannt. Er hat etwas stachligdistelartiges an sich, mit seinen an Stengel und Blättern sitzenden Borsten. Die Blütenfarbe wechselt bei ihm mit dem Aufblühen von Rot zu Blau.

Die floristisch bemerkenswertesten Vertreter auf den offenen Kiesflächen sind die alpinen Schwemmlinge. Die Bergwasser verfrachten ihre Samen in das Alpenvorland. Als alte Bekannte werden wir sie einige Wandertage später hoch oben in den Bergen wieder antreffen. Sie steigen dort über 3000

Brücke für Fußgänger und Radfahrer über den Isarkanal bei Aumühle. Die Wanderroute (erster Wandertag) verläuft auf dem westlichen Damm.

Meter hinauf. Bei der Alpengemskresse (Hutchinsia alpina) verrät schon der Name ihre Herkunft. Gerne fressen die Gemsen dieses weißblühende und wohlschmeckende Kräutlein: Sein botanischer Name geht auf die irische Botanikerin Ellen Hutchins (1785–1815) zurück. Von bezaubernder Farbe und Form ist das violett-orangegelb blühende Alpen-Leinkraut (Linaria alpina). Den Blütenreigen auf den Flussschottern vervollständigen die Alpenkresse (Arabis alpina) und das kriechende Schleierkraut (Gypsophila alpina), beide weißblühend. In geschickter Raumaufteilung streckt letzteres seine unzähligen Blütenköpfchen dem Licht entgegen. Wenn die reizende blaue Zwergglockenblume (Campanula cochleariifolia) einmal Fuß gefasst hat, bildet sie mit ihren rosettentragenden Ausläufern bald dichte Polster. Am Rand der Dolomitenpässe wächst sie oft zu Tausenden. Hervorgehoben sei schließlich noch das Alpenleimkraut (Silene alpina), der Thymian und die Silberwurz (Dryas actopetala).

Zu dieser Ansammlung von Weidensträuchern, Stauden, ein- und zweijährigen Pflanzen gesellt sich vereinzelt ein Halbstrauch; deshalb so genannt, weil Teile der ansonsten verholzten Zweige alljährlich absterben. Gemeint ist die Deutsche Tamariske (Myricaria germanica). Sie hat schuppige Blätter und graugrüne Blüten in Scheinähren. Im oberbayerischen Voralpenland erreicht sie ihre nördlichste Verbreitung. Zu Hause ist sie in den Alpentälern und in Südeuropa. Können sich all diese Pionierpflanzen einige Jahre ungestört weiterentwickeln, so bildet sich eine typische Pflanzengemeinschaft. Nach ihren auffallenden Straucharten wird sie Weiden-Tamarisken-Flur genannt. Professor Paul Seibert zählt in seinem Buch »Die Pflanzengesellschaften im Naturschutzgebiet Pupplinger Au« an die einhundert verschiedene Pflanzenarten dazu.

Erst das Aufkommen der Kiefer (Pinus silvestris), der Zypressenwolfsmilch (Euphorbia cyparissias) und des Blaugrases (Sesleria coerulea) leiten schließlich den Übergang zur Pflanzengesellschaft des Schneeheide-Kiefernwaldes ein.

BAYERISCHE VORALPEN

GLÄNZENDER SAUM EINES GROSSEN GEBIRGES

Bild oben:
Isartaler Einfirsthof in Lenggries-Wegscheid (dritter Wandertag). Er ist geschmückt mit stehenden und hängenden Geranien.

Bild oben rechts:
Die historische Tölzer Marktstraße wird auch »Festsaal des bayerischen Oberlandes« genannt. Ihr jetziges Aussehen verdankt sie dem Architekten Gabriel von Seidl.

Rote Geranien auf dunklem Holz

Bunte Blumen an Fenstern und Balkonen geben selbst den einförmigen Betonbauten im Grau der Großstädte eine freundlichere Note. Wie viel Harmonie aber strahlt ein blumengeschmücktes, stilvolles Bauernhaus im Gebirge aus! Ist es der Gegensatz zwischen altem Bauwerk und schnell vergänglichen Blumen, oder der Dreiklang von weißem Verputz und roten Geranien auf dunklem, verwitterten Holz, was den Betrachter in den Bann zieht? Dieses Bild gehört zur Urlaubslandschaft der Alpen wie die Viehherden zu den Almen. Sogar der Journalist und Schwiegersohn des früheren Kremlgewaltigen Chruschtschow, Alexej Adschubej, erwähnte im sachlichen Bericht über seinen Deutschlandbesuch die mit Blumen geschmückten oberbayerischen Häuser.

Die schönsten Höfe findet man nicht immer an Hauptstraßen und auf Dorfplätzen präsentiert; meist liegen sie als Einzelhöfe oder Weiler versteckt hinter Baumreihen und Moränenhügeln. Die sowieso schon mit Arbeiten im Haus und Stall überlastete Bäuerin hegt und pflegt dazu noch die vielen Blumen; vorwiegend aus Spaß an der eigenen Freud. Bringt die Blumenpracht auch noch anderen Freude, ist's umso besser! Die Pflege der Pflanzen beginnt schon im Winter. In vielen Fällen stehen die gefüllten Blumenkästen und Töpfe in einer frostfreien, lichten Kammer neben alten Bauernschränken. Die Pflanzen dürfen in ihrer Winterruhe nicht ganz austrocknen und müssen einige Male durchgeputzt werden. Mit dem wachsenden Tag bekommen sie eine frische, nahrhafte Erde. Die stehenden Geraniensorten – streng botanisch müssten sie eigentlich Pelargonien heißen – werden gestutzt, damit sie zu buschigen Stöcken heranwachsen; wohingegen die hängenden Arten (Pelargonium peltatum) möglichst lang belassen werden. Erst nach

Am Isarstausee unterhalb von Bad Tölz (zweiter Wandertag); im Hintergrund der Rechelkopf östlich oberhalb von Gaißach.

Bild rechts: Ausschnitt aus dem Wandgemälde im Foyer des Landratsamts Bad Tölz (zweiter/dritter Wandertag).

Bild Seite 39: *Auf der alpinen Variante des vierten Wandertages kann man diesen Ausblick genießen: Wasserfall des Glasbachs oberhalb der Lainlalm.*

den Eisheiligen im Mai erhalten sie wieder ihre gewohnten Plätze an Fenstern und Balkonen. Damit nimmt auch die Arbeit wieder zu, denn sie müssen an heißen Tagen wenigstens einmal gegossen werden. Zu einer üppigen Blüte bedarf es einer erfahrenen und liebevollen Pflege. Keinesfalls dürfen bei der Jungpflanzengewinnung im August von kranken Pflanzen Stecklinge geschnitten werden. Junge, bis zum Herbst gekräftigte Pflanzen überwintern am besten. Sie blühen im nächsten Jahr wohl zeitiger, jedoch nicht so üppig wie die langen, alten Ranken. Werden sie weiter kultiviert, müssen sie vor den ersten Frösten im Herbst wieder in ihr Winterquartier gebracht werden. Als Südafrikanerinnen – 1710 wurden Pelargonien erstmals nach England eingeführt – würden sie unweigerlich bei uns im Freien erfrieren. In Kapland, ihrer ursprünglichen Heimat, blühen sie auf besonntem Gelände so zahlreich wie bei uns die Wiesenblumen.

An schattigen Stellen gedeihen auch Knollenbegonien und Glöckerlstöcke (Fuchsien) gut. Wegen der zierlichen Form und der geringeren Fernwirkung gehören letztere an besonders gut einsichtbare Stellen. Ungeeignet für ausgesetzte Stellen sind die einjährigen Petunien. Ihre verschiedenfarbigen und großen Blüten zerzaust leicht der Wind. Im Tirolerischen nimmt vereinzelt die Gebirgshängenelke den Platz der Geranie ein. Sie entwickelt sich dort besonders, wo die Luftfeuchtigkeit genügend hoch ist. Wie alle Nelken verlangen sie einen lehmhaltigen Boden. Auch sie werden im Spätsommer durch Stecklinge vermehrt und stellen in der Überwinterung ähnliche Anforderungen wie die Geranien.

Kletterrosen, blaue Waldreben, oder der im Sommer mit einem weißen Blütenschleier überzogene Knöterich (Polygonum aubertii) vervollkommnen in vielen Fällen das Bild. Weil er bis zu sechs Meter im Jahr emporklimmt, heißt letzterer auch Klettermaxe. Das ländliche Motiv unterstreichen ein ehrwürdiger Hofbaum und ein mit Stauden wie Rittersporn, Margeriten, Phlox und Herbstastern überquellender Bauerngarten. Trotz Rationalisierungsmaßnahmen und betriebswirtschaftlichen Überlegungen gehört nach wie vor auch der Obstanger zu einem richtigen Bauernhof. Heimatrecht im Isarwinkel genießt auch seit vielen Jahren der südländische Oleander. Als nicht winterharte Kübelpflanze flankiert er mit seinen weißen, rosa oder roten – seltener auch gelben – Blüten häufig die Hauseingänge. In warmen Sommern blüht er sehr reichlich vom Juni bis in den Herbst. Die Heimat des Oleander ist der Mittelmeerraum, das Ziel unserer Wanderung. Dort werden uns hohe, freiwachsende Blütenhecken an den Isarwinkeler Blumenschmuck erinnern.

Wasser ist Leben!

Noch Monate lang nach der Alpenüberquerung zu Fuß glaubt man das Rauschen der Gebirgsbäche zu hören. Diese Musik der uns entgegensprudelnden, uns begleitenden oder den Weg kreuzenden Bergwasser lassen zusammen mit dem Erlebnis der leuchtenden Bergblumen allein schon den Weg zu einem »Traumpfad« werden. Zahllos sind die Wasserfälle, die Ausrufe der Bewunderung auslösen. Auch der nüchternste Alltagsmensch kann sich dem Zauber des weltentlegenen Junssees oder der in Gumpen springenden Wasser hinten im Staffelgraben nicht entziehen. Über ein Dutzend Bergseen treffen wir an. Eis und Schnee, gefrorenem Wasser also begegnen wir trotz Spätsommerzeit im Zillertaler Hauptkamm und später nochmals auf der Marmolada.

Kommt die Verzauberung durch das Wasser davon, weil unser Sein zutiefst im Wasser wurzelt. Alles Leben entstammt dem Wasser; auch unser Körper besteht etwa zu 65 % aus Wasser. Zum Nachdenken regt an, dass die chemische Zusammensetzung unserer Blutflüssigkeit der des Meerwassers sehr ähnlich ist. In unserem Blut finden sich nämlich, wenn auch in anderer Zusammensetzung, all die Elemente wieder, die auch das Wasser des Meeres enthält. Sterne ohne Wasser sind ohne Leben. Stark verschmutztes Wasser andererseits tötet alles Leben. Luftverunreinigungen, Radioaktivität, Öl- und Benzinrückstände bewirken eine globale Verschmutzung. Stimmt

Ausblick vom Südfuß der Benediktenwand zum Wettersteingebirge. In der Bildmitte die Zugspitze, links – markant – die Dreitorspitzgruppe; rechts der Zugspitze das Estergebirge, ganz rechts der Herzogstand und im Vordergrund der Staffel. Wie dieses Wolkenmeer haben einst die eiszeitlichen Gletscher die Täler ausgefüllt.

Bild rechts:
Dieses Fresko an einem Hof in der Jachenau stammt aus der klassischen (Barock)Zeit der »Lüftlmalerei«. Es ist eine Arbeit des Mittenwalders Franz Karner und zeigt Jesus als den guten Hirten.

Bild Seite 43:
Die Pfarrkirche St. Nikolaus zu Jachenau stammt in ihrer heutigen Form aus dem frühen 18. Jahrhundert (der Turm wurde im 19. Jh. dazugesetzt) und ist dem Patron der Flößer geweiht. Den Deckenstuck im Innern schuf der Wessobrunner Franz Doll.

die Tatsache nicht nachdenklich, dass es unmöglich geworden ist, irgendwo im großen Weltmeer einen Eimer Wasser zu schöpfen, der keine messbare, von Menschen erzeugte Verunreinigung enthält? Ein Liter Öl verseucht eine Million Liter Wasser. Der Weltumsegler Thor Heyerdahl berichtet: »Hunderte von Meilen von der Küste entfernt war das Wasser zu schmutzig, um es als Zahnputzwasser zu benützen.« Erschreckend hoch ist der Wasserbedarf der weltweit wachsenden Industrie, so werden z. B. für die Herstellung eines einzigen Autos etwa 57 000 Liter Wasser verbraucht.

Sofern die Niederschläge nicht gerade radioaktiv verseucht sind, bringt uns über die weise Einrichtung des Wasserkreislaufes der Regen wieder das belebende, klare Nass. Regentropfen zersetzen durch ihren Gehalt an Kohlensäure winzige Teile des Gesteins. Die starke Abkühlung im Gebirge verändert Wasser immer wieder zu Eis. Durch seine Ausdehnung sprengt und zersetzt es härtestes Gestein. Die reißenden Wasser transportieren Material von Felsbrockengröße, aber auch Sand und Schluff talwärts und bis hinaus in das Meer. Gebirge, aus dem Schoß von Weltmeeren geboren, streben so wieder in das Meer zurück. Die Berge mit ihren Gletschern und Wäldern geben Wasser langsam und stetig an das Unterland ab. Alle Öko-Systeme werden letztlich vom Wasser beherrscht und gesteuert. Besonders beglückend ist die Wanderung entlang der klaren Bergwasser für alle Menschen, die aus den großen Ballungszentren kommen und dort nur verseuchte Ströme und Meeresstrände kennen. Man gebe sich aber auch in den Bergen keiner Täuschung hin. Es genügen oft schon die Abwasser eines Bergdorfes, einer Besiedlung oder sogar nur einer Hütte, um einen Bach auf eine längere Strecke zu verunreinigen. Verendendes Wild zieht sich gerne an das Wasser zurück und kann so ebenfalls ein hochgelegenes Rinnsal verseuchen. Im ersten Fall kann die Karte Auskunft geben, im zweiten hilft: nur ausschließlich aus Quellen trinken! Schon vor über 300 Jahren schrieb der Arzt und Dichter Angelus Silesius (1625–1677) im »Cherubinischen Wandersmann«: »Nur in dem Ursprung ist Wasser rein und klar – trinkst du nicht aus dem Quell, so stehst du in Gefahr«.

Zur Geschmacksverbesserung meines heißen Tees aus der Thermosflasche oder auch eines Quellwassers habe ich immer ein Fläschchen mit einem Fruchtsirup im Rucksack. Das Mixgetränk erfrischt, und durch den schnell ins Blut übergehenden Fruchtzucker stärkt es noch dazu.

Wie sehr auch nach einer anstrengenden Rucksackwanderung ein Bad locken mag, man hüte sich vor einem Sprung in unbekannte Gewässer! Leicht kann ein unvorhergesehenes Hindernis zum Verhängnis werden. Bestens zu empfehlen ist dagegen jegliches Kneippen. Gute Gelegenheiten bieten die plätschernden Holzbrunnen am Weg, taufrische Wiesen und Wasserläufe und am letzten Wandertag das Meerwasser sowie der von ihm angefeuchtete feine Sand am Strand der Adria.

Ob es die munteren, klaren Bergbäche, die sagenumwobenen Bergseen oder das weite Meer auf unserer Wanderung waren, immer ging von ihnen eine Anziehungskraft aus, wie sie Goethe im »Gesang der Geister über den Wassern« anklingen lässt: »Seele des Menschen, / Wie gleichst Du dem Wasser! / Schicksal des Menschen / Wie gleichst Du dem Wind!«

KARWENDEL

URWELTLICHES GEBIRGE – WO DIE ISAR ENTSPRINGT

Bild rechts:
Auf dem Kleinen Ahornboden steht das von der D.u.Ö.A.V.-Sektion Augsburg 1882 errichtete Hermann-von-Barth-Denkmal.

Bild ganz rechts:
Freiherr Hermann von Barth, hier bereits während seines Aufenthalts in Afrika. »Wie ein Meteor in der Nacht urplötzlich aufleuchtet und alle mit Bewunderung erfüllt, so schoss er auf und erlosch, der »eisenharte Mann««. (W. Flaig)

Bild Seite 47:
Der Kleine Ahornboden gehört zu den landschaftlich schönsten Plätzen im Karwendel. Blick zum Falkenstock.

Hermann von Barth, der Erschließer der Nördlichen Kalkalpen

Während der ersten Woche unserer Fußreise durchwandern wir die Heimat des berühmten Gipfelstürmers Hermann Freiherr von Barth zu Harmating. Am Aufbruchsort München besuchte er in den sechziger Jahren des 19. Jahrhunderts das Gymnasium und studierte dort zuerst Rechtswissenschaft und später Naturwissenschaften. Wenige Kilometer oberhalb des ersten Tageszieles Wolfratshausen wurde er am 5. Juni 1845 im Schloss Eurasburg hoch über dem Loisachtal geboren. Seine Eltern waren der königlich bayerische Kämmerer Ignaz von Barth und seine Ehefrau Floriana, geb. Freiin von Krauß. Ihnen gehörte auch das Schloss Harmating, welches von einem Hügel östlich von Ascholding am 2. Wandertag zu uns herübergrüßt. Auf den Anhöhen um Loisach und Isar verbrachte der spätere Alpenerschließer seine Kindheit. An den letzten drei Tagen der ersten Wanderwoche schließlich durchqueren wir mit dem Karwendel seine engere Bergheimat. Verschiedene Routen und auch ein Gipfel tragen dort seinen Namen. Am 5. Wandertag erinnert uns ein schlichtes Denkmal auf dem Kleinen Ahornboden an ihn und seine große Erschließungsarbeit. Leider verstarb der verdienstvolle Alpenpionier in noch jungen Jahren auf tragische Weise als Landesgeologe in der portugiesischen Kolonie Angola in Afrika. Im Fieberwahn der heimtückischen Tropenkrankheit Malaria endete, erst 31 Jahre alt, am 7. Dezember 1876 sein tatenreiches Leben. Seine sterblichen Überreste ruhen im Kabinda-Dorf bei

Sâo Paolo de Loanda (im afrikanischen Boden), fern seiner geliebten Kalkalpen.

Dank Barths genauer und umfangreicher Aufzeichnungen – er schrieb einen Wegweiser durch die von ihm erschlossenen Gebirgsgruppen auf 2294 Manuskriptseiten – lässt sich sein bahnbrechendes Bergsteigerleben genau verfolgen. Im Jahr 1868 kommt Barth am 1. Mai als Rechtspraktikant an das königliche Landgericht nach Berchtesgaden. In diesem Jahr besteigt er rundum 69 Gipfel, davon 10 als Erster. Dies trägt ihm den Ruf verwegener Kühnheit und den Beinamen »Bergpraktikant« ein. Genau ein Jahr später wird er als Referendar nach Sonthofen versetzt. Die bergsteigerische Ernte des Sommers 1869 waren 44 Gipfel in den Allgäuer und Thannheimer Bergen; darunter sind 3 Erstbesteigungen.

Zum 1. Oktober 1869 führt der Beruf Barth an das königliche Bezirksamt rechts der Isar nach München. Das Jahr 1870 bringt mit der Erschließung des weiten Karwendels den Höhepunkt seines Bergsteigerlebens. Barth beginnt im Juni mit der Innsbrucker Nordkette, der Ersteigung und der Bezwingung des Bettelwurfes. Es folgen: am 14. 6. der Große Lafatscher, am 22. die erste touristische Ersteigung der Hochnißlspitze und der Lamsenspitze, am 29. des Gamsjoches und am 30. dieses Monats des Laliderer Falks. Im Juli 1870 bewältigt er folgende Ersterseigungen: am 1. den Risser Falk, am 4. die Östliche Karwendelspitze, am 6. den Wörner, die Ödkarspitzen und die Birkkarspitze, am 16. Hochglück und Eiskarlspitze, am 24. die Schafkar-

Bild rechts:
Das Karwendelhaus; Blick ins Karwendeltal und auf Wörner und Hochkarspitze (Nördliche Karwendelkette).

Bild rechts Mitte:
Bei der Abzweigung zum Schlauchkarsattel im Hinterautal.

Bild unten:
Der Turm von St. Peter und Paul in Mittenwald, davor das Denkmal für Matthias Klotz, der die Geigenbaukunst aus dem italienischen Padua in den malerischen Ort brachte.

spitze, am 30. Katzenkopf und Mittlere Jägerkarspitze und am letzten Julitag überschreitet Barth die Praxmarerkarspitzen. Von seinen Touren im August und September sind hervorzuheben: Am 3. 8. die Pleisenspitze, am 15. die Kaltwasserkarspitze über den Südgrat, am 17. die Roßloch-Umrahmung mit der Besteigung von Grubenkarspitze, Dreizinkenspitze, Lalidererwand und Lalidererspitze, am 2. September die Spritzkarspitze und am 25. September das Sonnjoch. In nur 3½ Monaten hatte Barth, trotz 14 Tage schlechten Wetters, annähernd 90 Karwendelgipfel bestiegen, davon mehrere zum erstenmal. Seine Leistung ist umso höher zu bewerten, als es damals kaum Wege und Hütten, geschweige denn gute Karten oder Führer gab. 1871 durchstreift Barth das Wetterstein und erklimmt hier 22 Gipfel, darunter sind 6 Erstbesteigungen. Außerdem steigt er im Herbst dieses Jahres noch am Seil eines Führers auf die Ötztaler Wildspitze. Darüber schreibt er allerdings, dass es wenig reizvoll sei, wie ein Kalb an einem Stricke von einem Gipfel zum anderen geschleift zu werden.

Im Sommer 1873, vor der endgültigen Fertigstellung seines Lebenswerkes »Aus den Nördlichen Kalkalpen« (660 S., Verlag Eduard Amthor, 1874), bereist er nochmals den Grenzkamm zwischen Bayern und Österreich in seiner ganzen Länge. Der Weg führt ihn von den Allgäuer Alpen zur Mieminger Kette (Erstbesteigung des Hochplattig), zum Wetterstein, dem Karwendel und bis zu den Berchtesgadener Alpen. Dort beschließt er mit der Durchquerung des einsamen Ha-

Bild links:
Alter Stich vom noch kleinen Mittenwald, darüber ein Teil der Nördlichen Karwendelkette.

Bild unten:
Lüftlmalerei im Mittenwalder Ortsteil Gries mit einem Motiv aus dem Matthäus-Evangelium: Wahrung vor freventlichem Urteil. »Was siehst du aber den Splitter im Auge deines Bruders, und den Balken in deinem Auge bemerkst du nicht?«

gengebirges seine glanzvollen Unternehmungen in den Alpen.

Über Barths Bergsteigen im Karwendel schreibt sein Biograph: »Ihm erschloss sich das vielgliedrige Bild dieses Gebirges mit all seinen Ketten und Gipfeln, von denen viele bisher noch keinen Namen getragen, oder deren Bezeichnungen doch eine sich schwankende und wechselnde war …

Oft suchte er sich dem Jagdpersonal zum Trotz seinen Weg, wanderte als Einsamer bei Sturm und Regen wie bei glühender Hitze in Riesenmärschen über weite Grate von Gipfel zu Gipfel, bezwang bei allen Mängeln seiner Ausrüstung mit Steigeisen weitab von geeigneten Stützpunkten Wände und Kämme, die auch für den modernen Bergsteiger noch schwierige Stellen bieten.«

Isar und Piave, Wildflüsse im Norden und im Süden

In der ersten Wanderwoche fließen uns die munteren Bergwasser der Isar entgegen. Am Abend des 6. Tages stehen wir in etwa 1800 Meter Höhe an ihren Quellen im Karwendel. Dieses Quellgebiet gehörte zeitweilig zum Besitztum des Hochstiftes Freising. Bis zum dortigen Domberg – an der Isar gelegen – wo jahrhundertelang der Bischof residierte, grüßen an Föhntagen die Zacken der Karwendelkette.

Ab dem Pordoijoch eilen uns dann die stürzenden Bäche nach Süden voraus. Ihr und unser Ziel ist der Wildfluss

Die gastliche Haller-angeralm mit dem mächtigen Massiv der Speckkarspitze in der Gleiersch-Halltal-Kette des Karwendels.

Piave. Der Ausblick vom Hotel in der Bischofsstadt Belluno auf den mäandernden Wildfluss mit seinen weißen Kiesinseln und den Bergen im Hintergrund erinnert an den Blick vom Tölzer Kalvarienberg in den Isarwinkel. Das nicht ganz zu zähmende Element der ungestümen Bergflüsse hat an der Isar wie auch am Piave Auenlandschaften erhalten. Sie kontrastieren mit den rechteckigen Feldern und schnurgeraden Straßen. Entlang beider Wildflüsse wandern wir durch Buschland oder auf aussichtsreichen Dämmen.

Rot färbte sich das Wasser des unteren Piave in den letzten Kriegsjahren 1917/18. In den Schlachten am Fluss zwischen Feltre und Jesolo ließen hunderttausende junger Menschen ihr Leben. Mit dem für Italien günstigen Ausgang des Ersten Weltkrieges wurde der Piave zum Heiligen Fluss der Italiener.

Ganz im Süden stoppt der Rückstau vom Meer den Wildfluss. Am Piave vecchio, wo das Land sich in der Lagune auflöst, ist das Wanderziel Venedig nicht mehr fern. An seiner Mündung hat der Piave 220 Kilometer Entfernung und 1850 Meter Höhenunterschied zurückgelegt. Wie die Isar am Fuß der höchsten Karwendelberge (Birkkarspitze 2749 m) in den Nördlichen Kalkalpen entspringt, so kommt auch der Piave aus den höchsten Bergen eines Kalkgebirges, nämlich aus dem Bergstock des Hochweißsteines (Monte Peralba, 2693 m) in den südwestlichen Karnischen Alpen.

Der Lauf der Isar vom Karwendel-Hochtal bis zur Mündung in die Donau unterhalb Deggendorf umfasst 283 Kilometer und 1500 Meter Höhenunterschied. Er durcheilt die Nördlichen Kalkalpen, das oberbayerische Voralpenland, die Landeshauptstadt München und das tertiäre Hügelland Niederbayerns. Genau wie am jungen Piave begrenzen die Ufer des Oberlaufes steile Kalkfelsen und von Kuhherden belebtes Weideland. Entlang des Isarunterlaufes erstrecken sich große Getreide- und Zuckerrübenfelder, am Piave Weingärten, Mais- und auch Getreidefelder. Hier wie dort hat der

Mit dem Kamerateam von »Bergauf – bergab«« im Juli 1999 vor der Hallerangeralm (Aufbruch zum siebenten Wandertag) im Rahmen der Dreharbeiten für die Fernseh-Dokumentation »Zu Fuß über die Alpen«. Im Hintergrund die berühmte »Lafatscher-Verschneidung« am Kleinen Lafatscher.

Personen v.l.: Hannes Hochenleitner, Sepp Wörmann, Sigi Menzel, Sylvia Congost und Horst Schallhart.

Mensch das ungestüme Wasser zu Seen aufgestaut und gewinnt damit elektrischen Strom; an der Isar oben am Sylvenstein, bei Bad Tölz und unterhalb von Oberföhring, Moosburg und Landshut. Am Oberlauf des Piave und seiner Zuflüsse sind zu nennen: die Seen Auronzo, Centro Cadore und Santa Croce. Einen traurigen Ruhm erlangte der Stausee von Erto. Sein Staudamm mit 280 Meter Höhe wird als der höchste der Welt gepriesen. Gunther Langes schrieb in dem im Frühjahr 1963 erschienen Autorama: »Man sollte es keinesfalls unterlassen, dieses technische Wunderwerk zu besuchen!« Wenige Monate später stürzten rund 60 Millionen Kubikmeter

Fels und Erde in den See. Die hundert Meter hohe Flutwelle schwappte in Sekundenschnelle über den Damm, vernichtete Longarone und tötete dabei 2000 Menschen.

Am stärksten wird die Isar durch ihre linken Nebenflüsse Loisach, Würm und Amper gekräftigt. Die Loisach bezieht ihr Wasser vom Fuß des seenreichen Fernpasses und aus dem Werdenfelser Land um Garmisch-Partenkirchen, also rund um die Zugspitze. Aus den Schottern beim Königsschloss Linderhof entspringt die Ammer. Aus ihr wird später, nachdem sie den Ammersee durchquert hat, die Amper. Die Würm schließlich verdankt ihren Namen dem gleichnamigen See, den die meisten Leute heutzutage Starnberger See nennen.

Der Piave erhält das meiste Wasser durch die Zuflüsse von rechts. Alle entstammen sie den Dolomiten. Als erster ist der Ansiei zu nennen. Geboren am Monte Cristallo, durchfließt er bald darauf den Misurinasee und mündet bei Cima Cogna (796 m). Nördlich vom Falzaregopass, an der Tofana entspringt der Boite. Er durcheilt Cortina d'Ampezzo und mündet bei Perola (532 m). Genannt sei noch der Mae, dessen Heimat am Götterthron Monte Pelmo liegt. Er speist das Zoldano und fließt dem Piave bei Longarone (441 m) in die Arme. Nicht vergessen werden darf schließlich der vom Pordoijoch durch das Agordino fließende Cordevole. Unterhalb von Belluno bei Pribano (299 m) vereinigt er sich mit dem Piave. In den einsamen Bergen zwischen den zwei letzten Zuflüssen verläuft unsere Wanderstrecke nach Belluno. Der Oberlauf des Piave mit seiner Landschaft Cadore grenzt die Dolomiten nach Osten von der Landschaft Carnia ab.

Der Isaroberlauf zusammen mit dem Nebenfluss Loisach ist zum Inbegriff Oberbayerns geworden. Auch die Quellgebiete des Piave und die seines Nebenflusses Boite lagen in frühester Zeit im bayerischen Einfluss- und Sprachbereich. So gehörten die Ampezzaner bis zum 11. Jahrhundert zum Pustertaler Besitz des Hochstiftes Freising. Und in der ersten Gemeinde oben am Piavelauf, in Bladen (Sappada), wird in einigen der bäuerlichen Familien noch heute bayerische Mundart gesprochen. Die Bewohner dieser deutschsprachigen Enklave am Fuße des Hochweißsteines an der Piavequelle emigrierten aus Villgraten (Sillian), um der unerträglichen Fron der Grafen von Heimfels zu entgehen. Bernhard Wurzer schreibt in seinem Buch »Die deutschen Sprachinseln in Oberitalien«: »In der Schule war der Unterricht bis 1866 deutsch. Siedlungsmäßig hat Bladen – abgesehen von den neuen Hotel- und Pensionsbauten – von allen deutschen Siedlungen außerhalb Südtirols in Italien seinen deutschen Charakter am besten bewahrt.«

Das Nationalgetränk an der Isar in München, Schäftlarn oder Bad Tölz ist süffiges bayerisches Bier; am Piave ist es Weiß- oder Rotwein. Die Weiß- und Rotwein-Straßen verlaufen teilweise parallel zu unserer Wanderstrecke und zweimal kreuzt unser Weg sogar die Weinstraßen.

Durch das Piavetal aufwärts führt die Strada d'Alemagna, ausgehend vom Golf von Venedig, dem Mündungsgebiet des Piave. Venedigs berühmter Maler Tizian ist oft auf ihr zu seinem Heimatort Pieve di Cadore an den oberen Piave gereist. Die venezianischen Kaufleute zogen auf ihr weiter durch das Pustertal, über den Brenner und hinüber nach Mittenwald, wo sie ihre Waren auf Floße verluden und isarabwärts transportieren. Bis ins 20. Jahrhundert herein spielte die Flößerei als Transportgewerbe auf Isar und Loisach eine große wirtschaftliche Rolle. Das Aufkommen der Eisenbahn und des Lastwagens, verbunden mit empfindlichen Eingriffen in den Wasserlauf, machten dem geachteten und traditionsreichen Gewerbe den Garaus. Einen matten Abglanz des einstigen Flößereiwesens geben noch die im Sommer von Wolfratshausen nach München stattfindenden Vergnügungsfloßfahrten. Die Munterkeit und Lebenslust des Wildflusses, der zwischen den Nagelfluhfelsen und in den Floßgassen weiß aufschäumt, springt dabei auf die fröhlichen Menschen auf den Flößen über.

D ,Visitnkartn von der Isar

I bin a frisch Tirolerkind
Karwendlherrn meine Patn sind
bin glasklar und kalt
Spiegl Wand und Wald
i murml und sing
schäum und spring
donner und braus
über d'Wehr im Saus …
Die »Reißende« hoaß i
i habs derfragt
»nomen est omen«
hat oaner gscheit gsagt.

Elisabeth Brizzi (1902–1999)

Josef Speckbacher, der Kampfgefährte Andreas Hofers

Tritt der Wanderer am Nachmittag des 6. Tages aus dem Bergwald hinaus auf die Wiesen der Lafatschalm, so sieht er zum ersten Mal die Alpenvereinshütte Hallerangerhaus oben im Zirbelwald vor sich liegen. Dahinter steckt die Speckkarspitze (2621 m), ein Vorberg des Bettelwurfs, ihren Gipfel in den Tiroler Himmel. Bei dem Namen und dem gesunden Appetit, der sich am Ende eines Wandertages einstellt, mögen Gedanken an einen kernigen Tiroler Speck aufkommen. Doch die naheliegende Namensableitung trügt hier; jedenfalls was die unmittelbare Abstammung betrifft.

Einen Tag später, bevor wir von der Hochterrasse ins Inntal hinab wandern, begegnet uns erneut dieser Name. Oben im Gnadenwald bei St. Martin liegt die stattliche Einkehr »Speckbacherhof« am Wege. Wie ich auf meine Fragen hin erfahre, leitet sich in beiden Fällen der Name von dem Hofnamen »Spöck« ab. Einen knappen Kilometer östlich stehen die Bauernhöfe zum »Unteren und Oberen Spöck«. Zwischen ihnen erinnert eine Gedächtniskapelle an den Tiroler Freiheitshelden Josef Speckbacher. Das Land Tirol errichtete sie zum 150. Jahrestag der Kämpfe von 1809 an derselben Stelle, wo das Geburtshaus Speckbachers, der kurz auch Spöck genannt wurde, stand; wegen seiner Baufälligkeit war es abgebrochen worden.

Am 13. Juli 1767 – im selben Jahr wie Andreas Hofer und Peter Mayr – wurde Speckbacher auf dem Unter-

Bild links:
Abendstimmung bei der Bergkapelle an der Hallerangeralm (sechster Wandertag).

Bild oben rechts:
Der Speckbacher-Hof (siebenter Wandertag) auf der nördlichen Inntalterrasse. Aus den Baumkronen lugt der Kirchturm von St. Martin im Gnadenwald hervor.

spöckhof in Gnadenwald geboren. Früh verlor er seine Eltern. In schrankenloser Freiheit wuchs er in Wald und Gebirge auf und entwickelte sich zum kühnen Wilderer und gefürchteten Rangler. Die Liebe zu einer wohlhabenden Bauerstochter aus Rinn zähmte erstmals den Ungestümen. Bevor er seine Braut 1794 heimfahren konnte, galt es, ein Jahr den Dienst als braver Salinenarbeiter abzuleisten. Es folgten ein Dutzend Jahre als Schmiderer-Bauer in ungetrübtem Familienglück. Zwischendurch allerdings bestand Speckbacher am Siegestag von Springes, am 2. April 1797, die Feuertaufe.

Unter der Bayerisch-Napoleonischen Herrschaft hatte Tirol seit 1805 sehr zu leiden. Die Empörung in der Landbevölkerung stieg ständig und wurde geschürt von Österreich, welches hoffte, Tirol wieder zurückgewinnen zu können. Als Vertrauter des Sandwirts aus dem Passeiertal – er hatte ihn 1805 anlässlich eines Pferdemarktes in Sterzing kennengelernt – organisierte der Spöck zu Beginn des Jahres 1809 die Mannschaften des Unterinntales. Auf der Rückreise von Wien war Hofer beim Kronenwirt in Hall abgestiegen und hatte mit Straub und Speckbacher eine längere Besprechung. Anfang April hieß es dann: »Es ist Zeit!« Durch seinen Sieg bei Hall und an der Innbrücke von Volders entschied Speckbacher die erste Befreiung des Landes mit. Trotz kühnstem persönlichen Einsatz gelang es ihm in den darauffolgenden Wochen nicht, die Festung Kufstein einzunehmen. Als der Feind im Mai erneut das Land überflutete, entschied eine Botschaft Speckbachers an Andreas Hofer den richtigen Zeitpunkt zum Losschlagen. Bei den Berg-Isel-Schlachten am 25. und 29. Mai befehligte der Spöck jeweils den rechten Flügel vom Schloss Ambras bis hinüber zum Paschberg. Wenn auch der Feind durch das Unterinntal abzog, so war auch diese zweite Befreiung nicht von langer Dauer. Am 5. und 6. Juni fielen bei Wagram die Würfel endgültig zu Gunsten Napoleons. Österreich musste den Waffenstillstand von Znaim unterzeichnen und damit das Land Tirol aufgeben. Hofer und seine Getreuen aber, angefeuert vom Kapuzinerpater Haspinger, gaben das »Landl« selbst in dieser aussichtlosen Lage nicht auf. Zusammen mit dem Mahrwirt Peter Mayr, dem dritten großen Bauernführer von 1809, schleuderte Spöck furchtbare Steinlawinen auf den die Eissackschlucht heranrückenden Feind; sie erstritten am 13. August die dritte Befreiung Tirols. Während der Tiroler Bauer und Sandwirt Andreas Hofer einige Monate in der Innsbrucker Hofburg das Land regierte, sicherten der Kapuzinerpater Haspinger und Speckbacher die Grenzen im Osten. Nach mehreren glücklichen Gefechten wurde er am 17. Oktober bei Melleck vom Gegner überrascht und geschlagen. Trotz Kolbenschlägen und Stichwunden konnte er der Gefangenschaft entgehen. Sein elfjähriger Sohn Anderl, der dem Vater trotz dessen Verbot immer wieder gefolgt war, geriet an diesem Tag in die Hände der Bayern. Der König Max Josef in München nahm sich des Kindes an und ließ ihn 7 Jahre lang am Königlich-Bayerischen Seminar ausbilden. Der Vater aber eilte erneut zu Hofer und kämpfte in der letzten unglücklichen Berg-Isel-Schlacht am 1. November an seiner Seite. Für die Anführer, auf deren Köpfe hohe Preise ausgesetzt waren, folgten harte Wintermonate. Hofer und Mayr wurden verraten und von den Franzosen im Februar 1810 erschossen. Speckbacher konnte sich im Frühjahr desselben Jahres nach Wien retten, von wo er 1814, nach der friedlichen Wiedervereinigung Tirols mit Österreich, heimkeh-

Ausblick vom Großen Bettelwurf, in dessen Bereich man auf einer Variante der Route des siebenten Wandertags gelangt. Links der Verbindungsgrat zur Speckkarspitze, rechts – beherrschend – der teilweise mit Neuschnee »überzuckerte« Karwendel-Hauptkamm. Im linken Bildteil ganz hinten der Zugspitzstock.

ren konnte. Die Kraft des Feuerteufels, dessen abenteuerliches Leben Luis Trenker Stoff für ein Buch und den gleichnamigen Film abgab, war jedoch gebrochen. Am 28. März 1820 erlag der erst 53jährige einem schweren Nierenleiden in seinem Wohnort Hall.

Grabsteine erinnern in Hall an Josef Speckbacher und die Seinen. Seit 1858 ruht er neben Andreas Hofer und Pater Haspinger in der Hofkirche zu Innsbruck. Oben im Gnadenwald bewirtschaftet ein Ur-Ur-Enkel vom Mahrwirt Peter Mayr, dem Mitstreiter Spöcks und Hofers, den Speckbacherhof. Sein Wappen ziert die Eingangsfront des Gasthauses.

Sechs Tage nach unserer Einkehr im Speckbacherhof wandern wir im Pustertaler Vintl durch jene Gegend, wo Andreas Hofer seinem Freund Spöck im Sommer 1809 zugerufen hat: »Seppl, willst a du mi und's Land verlassen? Schau, sie führn di in d' Schand!« Bedenkt man das Gemeinsame im Charakter und Volkstum des Bayerischen Stammes vom Fichtelgebirge bis zur Salurner Klause und betrachtet seine reiche Geschichte seit der Besiedelung dieses Raumes vor 1300 Jahren, so blickt man auch auf tragische Schicksale, auf politische Irrungen und Wirrungen zurück.

TUXER ALPEN

URALTE ZIRBELN, LEUCHTENDE BLUMEN UND STEINE

Ruhe und Beschaulichkeit beim Rasten und Kneippen am Zirbelweg zur Lizumer Hütte (achter Wandertag).

Bäume in der Kampfregion

Egal ob wir am 8. Wandertag durch das Lizumertal hinauf wandern oder oben am Glungezer den Weg beginnen, an beiden Varianten begegnen uns markante Baumveteranen. Je höher wir hinaufsteigen, umso zerzauster und uriger schauen sie uns an. Diese Charakterbäume, gezeichnet von Stürmen, Schneedruck und Frost, sind uns noch von der Isarquelle hinterm Hallerangerhaus in Erinnerung, und wir werden sie auf unserem Weg über die Berge immer wieder antreffen, sobald wir den geschlossenen Wald unter uns lassen; in besonders ausdrucksstarken Gestalten finden wir sie z. B. im hintersten Pfitschertal, beim Aufstieg zur Peitlerscharte oder auf dem Pra della Vedova.

Eine Mindestzahl an Wachstumstagen ist erforderlich, damit der Neuzuwachs an den Bäumen verholzen und ausreifen kann. Die Lebensbedingungen für einen Wald sind gerade noch gegeben, wenn bei ausreichender Feuchtigkeit an mindestens 100 Tagen Temperaturen über plus 5 Grad Celsius herrschen. Dort, wo der Bergwald sich nach oben in einzelne Baumgruppen und Einzelbäume auflöst, verläuft die Waldgrenze. Am Alpen-Nordrand, wo die Fichte, die Lärche und Arve (Zirbel) herrscht, liegt sie etwa bei 1800 Meter, in den Zentralalpen unter dem Einfluss eines mehr kontinentalen Klimas ungefähr bei 2000 Meter. In den Südalpen bildet die Buche die Waldgrenze in einer Höhe von etwa 1800 bis 1900 Metern. Die gedachte Verbindungslinie zwischen den einzelnen Bäumen oben in der Strauch- und Mattenregion bildet die Baumgrenze. Zwischen ihr und der Waldgrenze erstreckt sich die »Kampfregion« der Bäume, die ungefähr 100 Höhenmeter umfasst. Wo durch menschlichen Eingriff die Waldgrenze nach unten verschoben wurde, fehlt sie. In den einzelnen Gebirgsketten verlaufen die Waldgrenze und die Baumgrenze nicht gleichmäßig in einer Höhe. Felswände, Schotterkare, Lawinen und Murgänge oder Kaltlufttäler unterhalb der Gletscherströme bedingen ein Auf- und Abspringen dieser Grenzen. In der Kampfregion nützen die Bäume günstige Bedingungen des bodennahen Klimas in Mulden, hinter Felsblöcken und in vermodernden Baumruinen aus, um ihren Kampf ums Überleben bestehen zu können.

Der Existenzkampf in dieser Höhenzone ist hart und unerbittlich. Zu zweit und in Gruppen stützen sich die Bäume oft gegenseitig. Das Strahlungsklima bewirkt große Temperaturgegensätze in Bodennähe. Durch Zucker- und Stärkeanreicherung in den Zellen schützen sich die Pflanzen gegen Kälte. Bei Frosthärteprüfungen vertrugen Zirbeln minus 40 Grad Celsius und darunter. Andererseits überlebten Jungzirbeln ohne nachfolgende Schädigung Temperaturen über plus 40 Grad Celsius. Blitz oder Schneedruck knicken oft die Wipfel. Seitenäste übernehmen dann die Führung und so entstehen die typischen Kandelaber-Bäume. An den ausgesetzten Stellen drückt der Sturm alle Äste und Zweige nach der Lee-Seite. Wir sprechen dann von einem »Fahnenwuchs«. Wie ein Windstrahlgebläse wirken die vom Sturm herangepeitschten Eiskristalle. Kritisch für die Gehölze kann es werden, wenn nach einem niederschlagsarmen Sommer und Herbst im Winter langandauernde, austrocknende Stürme blasen. Die Wasserverluste können dann so hoch werden, dass es zu Vertrocknungsschäden (»Frosttrocknis«) kommt. Im metertiefen, lockeren Schnee sind die Pflanzenteile vor Sturm und Kälte geschützt. Lange Schneebedeckung, der gewaltige

Bild oben: *Die Gamshütte berührt man auf einer Variante des zehnten Wandertages, wenn man sich den Übergang über die Friesenbergscharte nicht zutraut.*

Bild Seite 60: *Das Spannaglhaus.*

Bild Seite 61: *Abstieg von der Friesenbergscharte.*

Druck der Schneemassen zusammen mit langem Lichtentzug, schwächen die schneebedeckten Pflanzenteile. Der Nassschnee bewirkt einen übernatürlich hohen Wassergehalt in den Pflanzen und die geschwächten Nadeln werden dadurch anfällig für die Kiefernschütte. Diese Pilzkrankheit kann junge Pflanzen zum Absterben bringen. Der Schnee an den Hängen bewegt sich wie ein Gletscher unmerklich aber stetig talabwärts. Der Druck dieses Kriechschnees führt bei den Jungbäumen zu einem Säbelwuchs. Von den gewaltigen Naturkräften können sie auch ganz umgedrückt werden.

Die Humusbildung und der Nährstoffvorrat in der lebensfeindlichen, meist steilen Kampfregion ist sehr gering; demnach auch der Pflanzenzuwachs. Längenmessungen an Zirbeln in 2000 Meter Höhe erbrachten folgende Ergebnisse: Nach 5 Jahren Wachstumszeit wird im Durchschnitt eine Höhe von 5 Zentimeter erreicht, nach 10 Jahren 19 Zentimeter, nach 15 Jahren 28 Zentimeter und nach 50 Jahren etwa $5^1/_2$ Meter. Herbert Reisigl zählte bei einer spannenlangen, bleistiftdünnen Lärche mit dem Mikroskop 55 Jahresringe! Was nimmt es da Wunder, wenn die knorrigen und gar nicht so übermäßig hohen und dicken Baumveteranen ein für uns Menschen unwahrscheinliches Alter aufweisen. So schätzen Forstleute die betagten Zirbeln an der Isarquelle und unterm Überschalljoch auf ein Alter bis zu 2000 Jahren. Lange Zeit glaubte man, ein mächtiger Mammutbaum (Riesensequoia) im Westen Amerikas wäre mit 3125 Jahren der älteste lebende Baum der Welt; solange, bis man in der

Kampfregion der weißen Berge von Kalifornien in einer Höhe von 3500 Meter auf die ehrwürdig-knorrigen Borstenkiefern stieß. Behutsam holten Dendrochronologen (Wissenschaftler, die anhand von Jahresringen das Gehölzalter bestimmen) Bohrkerne von der Dicke einer Bleistiftmine aus den Bäumen. Nach sorgfältiger Analyse im Labor kamen sie auf ein Alter von fast 5000 Jahren. 1964 wurde die älteste Borstenkiefer für Studien- und Ausstellungszwecke gefällt. Sie stand unter dem Wheeler Peak im Osten von Nevada. Das Alter des derzeitigen Seniors zählt noch 4600 Jahre; und in Japan fand man neuerdings Baum-Methusalems, die gar über 7000 Jahre zählen. Es gibt zu denken, wenn man liest, dass diese ältesten Lebewesen dort anzutreffen sind, wo die Lebensumstände feindselig und hart sind. Es sind steile, felsige Plätze in mindestens 2900 Meter Höhe mit dünner Bodenschicht und wenig Niederschlag.

Zupf dir ein Wölcken aus dem Wolkenweiß,
Das durch den sonnigen Himmel schreitet,
Und schmück den Hut, der dich begleitet,
Mit einem grünen Reis.

Verstecke dich faul in der Fülle der Gräser,
Weil's wohltut, weil's frommt.
Und bist du ein Mundharmonikabläser
Und hast eine bei dir, dann spiel, was dir kommt.

Und lass deine Melodien lenken
Von dem freigegebenen Wolkengezupf.
Vergiss dich. Es soll dein Denken
Nicht weiter reichen als ein Grashüpferhupf.

Joachim Ringelnatz

Im Friesenbergsee spiegeln sich die großen Berge des Zillertaler Hauptkamms: Hoher Weißzint (links daneben der Breitnock), Hochfeiler und Hochfernerspitze (von links).

Bild oben links: *Frühlingsenzian (Gentiana verna) mit seinem besonders schönen Blau. Blütezeit: April bis Juni.*

Bild oben rechts: *Die Silberwurz ist eine ausdauernde Pflanze und wächst auf Schotter und auf Grashängen. Blütezeit: Juni bis Juli (siehe auch Seiten 31 sowie 78 bis 84).*

Leuchtende Bergblumen aus allen Jahreszeiten

Eine Bergwanderung bietet außer gesunder Bewegung in reiner Luft, einem oft atemberaubenden Panorama, munter dahinplätschernden Bächen und gigantischen Wasserfällen auch noch die Freude an der vielseitigen Flora.

Nicht allein die vielbesungenen Enziane und Edelweiße sind es, die uns auf unserer Fußreise immer wieder erfreuen, nein, es gibt noch viele andere mehr. Die Pracht beginnt bereits in der Pupplinger Au. Hier finden wir auf unserem Weg zwischen Isarstrand und Schirmföhrenwald je nach Jahreszeit Enziane, Akelei, mehrästige Silberwurz und verschiedene Schwemmlinge wie z. B. das Leinkraut (Linaria alpina) und die Alpenkresse (Hutchinsia alpina). Man kann sie gar nicht alle aufzählen, denn viele kleine und unscheinbare Pflanzen nimmt unser Auge überhaupt nicht bewusst wahr. Auffallend leuchten die Blütenpolster von Thymian und Gipskraut aus den Schotterfluren der Au. Der Thymian ist ein stark aromatisches Gewürz und sollte viel mehr Verwendung finden bei Fleischgerichten und Gemüsesuppen. Gewürze machen die Speisen nämlich nicht nur schmackhafter, sondern auch leichter verdaulich.

Wenn wir oberhalb Geretsried in die sogenannte Wacholderschneise einbiegen, blüht unmittelbar rechts und links zu unseren Füßen das Sumpfherzblatt und das blaue fleischfressende Fettkraut. Seine klebrige Blattoberseite ist mit Fanghaaren ausgestattet, durch die kleine Insekten festgehalten werden. Mit ihren Bemühungen, wieder loszukommen, lösen sie einen Reiz auf das Blatt aus, das sich daraufhin zusammenrollt und damit ist die Falle zugeschnappt. Wir sehen auch – ohne einen Schritt vom Weg abweichen zu müssen – Prachtexemplare von Frauenschuh. Sie zählen zu den schönsten Freilandorchideen und sind mit Recht streng

geschützt, sind doch zehn Jahre und mehr notwendig, bis sich aus einem Samen eine blühfähige Pflanze entwickelt. Auch der Frauenschuh ist eine Fliegenfalle, jedoch kann das Insekt zwischen zwei engen Spalten beiderseits der Narbe einen Ausgang finden und trägt so zugleich zur Bestäubung der Pflanze bei. Schön ist auch die zarte Golddistel, die verstreut unter Weiden und Tamarisken steht. Im lichten Wald des Malerwinkels fühlt sich der echte Türkenbund zu Hause. Besonders am Abend entströmt seiner Blüte ein betörender Duft mit dem er das Taubenschwänzchen anlockt. Es ist ein Schwärmer (Schmetterling), der am Körperende vogelschwanzähnliche Haare hat. Freischwebend vor der Blüte senkt es seinen langen Rüssel zur Nektarquelle hinab. Auch auf den Seidelbast stoßen wir hier. Er ist zusammen mit den Palmkätzchen eine der allerersten Nahrungsquellen für die Bienen. Seine leuchtend roten Scheinbeeren sind giftig!

Aus den Rimslreiner Moorwiesen nicken uns vorwiegend Trollblumen, Wollgras und Mehlprimeln zu. Mehlprimeln werden sie deshalb genannt, weil ihre Blätter auf der Unterseite dicht weiß-mehlig bestäubt sind. In den Blüten der Trollblumen finden kleinste Insekten Schutz vor Regen und Unwetter und zugleich Nahrung. Zwischen Bad Tölz und Lenggries kann ein aufmerksames Auge da und dort auch einen Büschel Alpenleinkraut finden. Es ist eine der vielen Schwemmlingsarten, ein Rachenblütler mit orangegelben Gaumen und violetten Lippen und Sporen.

Ab dem Kohlerboden Richtung Hallerangerhaus finden wir dann zum erstenmal die typischen Almwiesen vor. Um die Fronleichnamszeit ist ihr herrlicher Blütenteppich wohl am üppigsten. Die kleinen Zuflussbächlein der jungen Isar sind dicht gesäumt von Dotterblumen. Auf dem Weg bergauf entzückt uns immer wieder an den Waldrändern die schöne, weißblau blühende Alpenrebe. Sie windet sich gerne um kleinere Bäume und ihre Samenstände bilden sich häufig zu haarigen Perücken aus. Im Höhenwind der Lafatscheralm zittert der weiße Alpenmohn – (Papaver sendtneri) – benannt

Bild oben links:
Fruchtstand des Wiesenbocksbartes (Tragopogon pratensis). Er blüht von Mai bis Juli zwei- und mehrjährig; der Name stammt von den Haaren des Früchtchens.

Bild oben rechts:
Rundblättrige Glockenblume (Campanula rotundi folia). Sie blüht von Juni bis September und ist eine ausdauernde Pflanze, die auch auf mageren Standorten vorkommt.

Bild oben links: *Der Frauenschuh (Cypripedium calceolus) ist die größte unserer heimischen Orchideen. Er blüht von Mai bis Juni, kommt in Wäldern bis 1600 Meter vor und liebt Kalkböden.*

Bild oben rechts: *Wunderwelt der Flechten, einer Symbiose von Pilzen und Algen. Nur zusammen können sie extremste Standorte wie z. B. Berggipfel über 6000 Meter Höhe besiedeln.*

nach dem Münchner Botaniker Otto Sendtner, der sich große Verdienste um die Erforschung der bayerischen Alpenflora erworben hat. Beim Abstieg durch das Isstal fällt uns an feuchten Stellen der besonders reichliche Wuchs des echten Frauenmantels auf. Er wird auch Taumantel genannt, weil er seine überflüssige Feuchtigkeit über die Blattränder als Tautröpfchen ausscheidet. Auf den Tuxer Bergen wächst das weißrosa blühende zierliche Katzenpfötchen. Es ist ähnlich wie die Strohblumen lange haltbar. In seiner Nähe auf den buckeligen Matten blüht ein Meer von vielen roten Primeln. Dort sehen wir auch zum erstenmal das rote Läusekraut. Warum diese schöne, alpine Wiesenpflanze einen so unschönen Namen hat, kann ich mir nicht erklären. Sie hat farnähnliche Blätter, leuchtendrote Blüten und ist ein Halbschmarotzer, da sich die Saugorgane seiner Wurzeln an anderen Pflanzen festsaugen.

Unvergesslich ist die Frühlingswiese im Unterbergtal. Richtung Gliederschartl: Hunderte von blauen, stattlichen Eisenhüten, schwefelgelben Anemonen, Alpenvergissmeinnicht – die fast dem Himmelsherold gleichen – und Taubenkröpfchen stehen in Gesellschaft mit Augentrost, Küchenschellen, Trollblumen und anderen mehr. Interessant sind auch immer wieder die Stellen, an denen wir auf Krokus und Soldanellen stoßen. Da sie – wie noch einige andere Pflanzen – ihre Knospen bereits im Herbst ausbilden, scheinen sie förmlich aus dem Schnee geboren zu werden. Überhaupt müssen sich die Alpenpflanzen besonders harten Klimabedingungen anpassen. Die Immergrünen sind oft von Frosttrocknis bedroht, nämlich dann, wenn der Boden noch gefroren ist, die Blätter aber bereits in Wind und Sonne viel Feuchtigkeit verdunsten. Sie schützen sich gegenseitig durch Zusammenwachsen zu Polstern. Ein natürlicher Schutz ist auch das lederartige Blatt von Enzian und Alpenrose, die filzige Behaarung beim Edelweiß oder das nadelartige Blatt der Erika-Arten. Die Sedumfamilien wiederum besitzen wasserspeichernde Blätter. Zur Vermehrung der Alpenpflanzen tragen die Vögel bei und der Wind, der die leichten Samen verbreitet; zum Teil bestäuben sich die Pflanzen auch selbst oder bilden Brutknospen und Ausläufer. Gegen die extremen Witterungsverhältnisse schützen sie sich, indem sie meist nicht sehr hoch wachsen, sich in Felsnischen ansiedeln oder die günstige Lage an wärmespeichernden Steinen ausnutzen. Am »Tage der neun Jöcher und Scharten« – dem ersten Wandertag in den Dolomiten – treffen wir auf typische Dolomitenblumen. Sie tragen diese Herkunftsbezeichnungen sogar in ihren Namen. Es ist das Dolomitenfingerkraut (Potentilla nitida), ein Zwergstrauch, der sich gerne den Felsen anschmiegt und große Flächen überzieht. Von weitem schon ist es durch seinen rosaroten Blütenteppich zu erkennen. Die zweite, nicht minder schöne Pflanze, ist die Dolomitenglockenblume (Campanula morettiana). Sie wurde 1818 im Fassatal entdeckt und nach dem Botanikprofessor Moretti benannt. Wir können ihre Schönheit nur stumm und staunend betrachten. Den Weg zum Villpederhof und seiner Kapelle – mit dem landauf-landab bekannten Mariahilfbild – säumt das schmalblättrige Weidenröschen. Auf den Schutthalden des naheliegenden Peitlerkofels grüßt wieder der zarte Alpenmohn, diesmal aber der gelbe, der eine angenehme farbige Abwechslung in das Grau des Gerölls bringt.

Und immer wieder stoßen wir auf die bunten Flechtenarten, die wie Tapeten oft ganze Felsplatten überziehen. Die Flechten bestehen aus Algen und Pilzen, die eine vorbildliche und notwendige Gemeinschaftsarbeit leisten, um überhaupt bestehen zu können. Während die Pilze an der Oberfläche wirken, indem sie einen Hitzeschutz bilden und für Stickstoffverbindungen sorgen, produzieren die Algen Stärke und Zucker. Durch eine bestimmte Flechtensäure lösen sie ihre lebensnotwendigen Mineralien aus dem Gestein. Sie wachsen sehr langsam. Eine Ausdehnung von der Größe eines 5-Mark-Stücks kann an die 50 Jahre alt sein.

Unter den vielen Teufelskrallenarten gefällt uns die schopfige wohl am besten. Ihr Name bezieht sich auf die krallenähnliche Blütenform. Wir treffen sie vor allem hoch oben an den Hängen der Cima di Cità.

Der Blütenreigen erstreckt sich weiter, bergauf und bergab, immer abwechselnd mit den Höhenlagen. Mit den vielen Steinbrech-, Hahnenfuß- und Primelpolstern bildet er fürwahr einen Steingarten, wie er von Menschenhand nicht schöner angelegt werden kann. Beim Abstieg von der Schiara und vom Nevegal sehen wir noch mal zwei Köstlichkeiten unter den Alpenblumen. Es sind das wilde Alpenveilchen und die grüne Nieswurz (Christrose). Sie blühen versteckt im Halbschatten von Sträuchern. Das Alpenveilchen macht Wanderer durch seinen veilchenartigen Duft auf sich aufmerksam, obwohl es mit dem Veilchen nicht verwandt ist. Seine Samen werden gerne von Ameisen verschleppt, die somit zu seiner Vermehrung beitragen.

Am allerletzten Berg, dem Nevegal, fällt uns ein Hinweisschild zu einem alpinen botanischen Garten auf. Leider ist uns aus Zeitgründen ein Besuch nicht möglich. Aus dem Prospekt können wir entnehmen, dass er 1500 Meter hoch liegt und von der Bergstation in 10 Minuten erreichbar ist. Er hat eine Fläche von 6,5 Hektar und beinhaltet rund 500 Arten. So begleiten uns also Blumen vom Anfang bis zum Ende unserer einmaligen Bergwanderung. Im Stadtpark von Belluno ist gar von geschickten Gärtnerhänden das Datum mit Echeverien eingepflanzt; es wird täglich »nachgestellt«. Pflücken aber wollen wir keine der herrlichen Pflanzen an unserem Weg – nicht einmal das verlockende Edelweiß, das sich mancher gerne als Erinnerung an den Hut stecken würde! Denn wenn jeder Wanderer auch nur eine Blume mitnähme, was bliebe da für die nach uns Kommenden?!

Netz einer Kreuz- oder Radnetzspinne. Muskelringe an 600 Spinndüsen regeln Austritt und Stärke der etwa 4/10000stel Millimeter »dicken« Spinnfäden. Die Verbindung der Einzelfäden ergibt eine Fadenstärke von 1/5000stel Millimeter. Das Stärkenverhältnis dieses Spinnenfadens zu einen Kopfhaar entspricht dem eines Zwirnfadens zu einem Schiffstau.

ZILLERTALER ALPEN

DIE GEFÜRCHTETEN »GLÄSERNEN BERGE« DER DOLOMITENSAGEN

Wo das Chaos herrscht… Urgesteinsblöcke auf dem Pfitscher Joch.

Marschieren… Laufen… Wandern

Einige Male wurde ich gefragt, ob ich jener sei, der nach Venedig marschierte? Meine Antwort war dann immer: »Marschiert bin ich nicht, sondern gewandert!« Auch kam es vor, dass mir gesagt wurde: »Ich musste im vergangenen Krieg durch halb Russland marschieren: das reicht mir!« Wer so spricht, vergisst ganz, dass Marschieren und Wandern nur die Art der Fortbewegung mit den Füßen gemeinsam haben. Auf diese Art, zwar mit vier Füßen, bewegen sich auch die Tiere. Marschieren hat etwas Einförmiges. Teerstraßen und die aufgeschotterten Wirtschaftswege der Forst- und Wasserwirtschaftsämter verleiten zum Marschieren. Der gleiche Gehrhythmus stellt sich ein. Es fehlt dann nur noch: »Drei… vier… ein Lied!« Dies kann helfen, die letzten Kilometer einer überlangen Tagesetappe leichter zu überwinden. Der Mensch ist aber dann zu einer »Gehmaschine« geworden. In Reih und Glied, rechts und links einen Nebenmann, so ist kaum noch ein Kontakt zu den Schönheiten am Weg möglich; meist wohl auch gar nicht erwünscht.

Gebirgstruppen, die sich mehr hintereinander auf Bergpfaden fortbewegen mussten, kannten das eintönige Marschieren der Infanterie nicht. Individuelle Bewegungs- und Entscheidungsfreiheit und ein gewisser Kontakt mit der Natur ist in den Bergen notwendig, um in kritischen Situationen überleben zu können. Doch auch dieses militärische Bergsteigen ist bei weitem noch kein Wandern. Heinrich Harrer, der Eigernordwand-Bezwinger und Himalaja-Kenner, sagte einmal: »Wer nur und nichts als Bergsteiger bleibt, der hat sich nicht weiter entwickelt... « Noch heute bedaure ich es, dass ich während der vielen Monate als Gebirgsjäger in den Alpen und in den Bergen Skandinaviens sowenig Augen und Verstand für die Vielgestaltigkeit der Bergwelt hatte. Das Wissen über Flora, Fauna und Geologie zählte eben nicht zu den soldatischen Tugenden und so wurde es uns auch nicht nahe gebracht.

Als italienische Sportfreunde von meiner Wanderung München-Venedig erfuhren, planten sie daraufhin diese Entfernung in umgekehrter Richtung zurückzulegen. Allerdings sollte abwechselnd jeweils einer der Gruppe auf der Straße laufen, und ein anderer sollte ihn in einem Kombiwagen mit dem Gepäck der Gruppe begleiten. Mit diesem Staffettenlauf wären sie sicher bereits nach wenigen Tagen am Ziel angelangt. Ein anderer empfahl mir eine Winterbegehung des Weges. Ohne die interessanten Steine, die artenreiche Bergflora, die zahlreichen Tierbegegnungen und plätschernden Bergwasser – bliebe da von einem »Traumpfad« noch viel übrig? Gehen und Laufen ist zweifellos die naturgemäßeste Form der Fortbewegung. Im richtigen Verhältnis zum Leistungsvermögen betrieben, fördern sie die Gesundheit, stärken die Herzmuskulatur und regen den Kreislauf an. Neuerdings stellten sogar Mediziner fest: Körperliche Bewegung baut einen angsterzeugenden Stoff ab, der vor allem im Stress des Alltags gebildet wird. Mit Recht sind also Laufsportarten eine beliebte Freizeitbeschäftigung.

Wandern ist aber mehr als nur Gehen, Laufen oder Bergsteigen. Heinrich Harrer bemerkte dazu: »... Die Bergvölker, die Landschaft, ihre Menschen, die Blumen geben mir längst mehr als das vielberedete, ganz sicher sehr relative Gipfelglück«. Zum richtigen Wandern muss man sich Zeit nehmen. Als erstes schon für die Planung,

In der Kapelle auf dem Pfitscher Joch. »Maria mit dem Kinde«, eine Skulptur aus dem Grödner Tal.

und erst recht dann, wenn man in einer schönen und interessanten Landschaft unterwegs ist. Ohne Straße, nur mit einer Spur im Gras, dem Feld- oder Waldrand folgend, denkt man weniger in Kilometern. Der mit Steinen und Baumwurzeln durchsetzte, aber doch weiche Pfad lässt keinen einförmigen Rhythmus und auch kaum Müdigkeit aufkommen. Der unmittelbare Kontakt mit allem, was wenige Zentimeter neben dem Fuß kreucht und fleucht, verscheucht jede Langeweile. Eine Wanderung ist der Schlüssel zu einer Landschaft. Erwandert man sie, wird man sicher heimischer als wenn man sie ein dutzendmal und öfter mit dem Auto durchfährt. Seume bereits sagte: »Wer geht, sieht anthropologisch und kosmisch mehr, als wer fährt«.

Beim Gehen verschwinden Alltagsängste und der Geist wird wach. Wandern ist also nicht nur eine Tätigkeit der Beine, sondern auch ein Zustand der Seele. Fritz Straßner, der Wandertipps im Bayerischen Rundfunk gab, schreibt in seinen »Überlegungen eines alten Wanderers«: »Wir brauchen das Wandern, wenn wir auf die Dauer mit uns selbst und mit der Welt in Einklang bleiben wollen«. Wer wirklich wandert, lebt nach dem Goethewort: »Zum Schauen geboren, zum Sehen bestellt«.

Mit Koffern, Schachteln, Reisesäcken
Dein Glück zu suchen ziehst Du aus?
Freund, nimm den leichten Wanderstecken,
Du bringst es wahrlich eh'r nach Haus!

Friedrich Rückert

Das harte Los der Bergbauern

Anschluss an die Technisierung: das Pfitscher-Joch-Haus mitsamt der kleinen Kapelle vor den Pfunderer Bergen.

Verlässt man die Fels- und Mattenregion und steigt hinunter in den schützenden Bergwald, so trifft man in steilen Wiesen auf einsame Bergbauernhöfe. Von ihnen bis zum ersten Bergdorf ist oft noch ein weiter Weg. Beim Aufstieg wiederum lässt man mit ihnen den Bereich dauerhafter menschlicher Siedlungen zurück; oberhalb der Waldgrenze ist der Mensch nur ein zeitweilig geduldeter Gast.

Wie ein Teil der Bergnatur ducken sich die von Sonne und Sturm verwitterten Höfe an die Bergflanken. Auf klobigem Quadergestein ist das dunkle, massive Holzgebälk aufgesetzt. Zum Ernst der Szene kontrastieren bunte Blumen in Töpfen und Blechbehältern. Im Schutz des Söllers sind sorgsam große Holzstöße aufgeschichtet. Den weiteren Hofbereich grenzen Steinmäuerchen und einfachste Holzzäune ab. Eine kleine Kapelle oder ein Wegkreuz zeugen von der Frömmigkeit der Bergbewohner. Auf den Stadtmenschen, der fast nur noch Beton, Glas, neonlicht- und lärmerfüllte Autostraßen kennt, wirkt der Bergbauernhof wie ein archaisches Idyll oder wie ein Mythos aus einer längst vergangenen Zeit. Der körperlich hart mit der Natur um sein bescheidenes Dasein ringende Bergbauer hingegen hat kaum Verständnis dafür, wie man freiwillig mit schwerem Rucksack über die steilen Jöcher und Scharten steigen kann. Er nimmt solche Mühen höchstens bei einer Wallfahrt auf

Das schmalblättrige Weidenröschen vor dem Gasthof Villpeder und der Kapelle Maria Hilf. Dahinter beginnt der Rodenecker Wald.

sich, oder in früheren Zeiten beim Schmuggeln oder Wildern. Ob zwischen diesen beiden Welten ein gegenseitiges Verstehen überhaupt noch möglich ist? Für den einen ist die Natur das bestimmende und harte Schicksal, beim anderen geht der notwendige Kontakt mit ihr in den Großstädten der Industriegesellschaft mehr und mehr verloren.

In Südtirol liegen zum Teil die Höfe bis knapp unterhalb der Waldgrenze. Die Besiedelung der hochgelegenen Flächen reicht bis in das frühe Mittelalter zurück. Sie entwickelte sich teilweise dadurch, dass einige freiheitsliebende Bauern der sklavischen Fronarbeit unter einem Feudalherren in diesen unwirtlichen Höhen zu entrinnen suchten. Sie rodeten Wald und errichteten mit dem Holz ihre bescheidenen Behausungen. Später wurden sie verbessert und erweitert. Davon zeugen die in dunkle, rußgeschwärzte Balken eingravierten Jahreszahlen. Das germanische Gesetz der Unteilbarkeit des Hofbesitzes galt von jeher auf den sogenannten geschlossenen Höfen, den Erbhöfen. So konnte das Eigentum nicht zersplittert werden. Im 18. Jahrhundert wurde dieses überlieferte Gewohnheitsrecht mit den Theresianischen Gesetzen schriftlich fixiert. Den weichenden Erben – meist waren und sind es noch über ein Dutzend – bleibt nichts anderes übrig, als entweder als Knecht oder Magd unter ärmlichsten Verhältnissen auf dem Hof zu arbeiten, oder in der Fremde ihr Brot zu suchen. Auf den entlegenen Bauernhöfen ist die Einsamkeit Schicksal und Erbe. Heute noch gibt es allein in Südtirol rund 5000 abgelegene Höfe, die nur zu Fuß oder mit primitiven Seilbahnen aufgesucht werden können. Auf ihnen wohnen ungefähr 20 000 Menschen, also soviel wie in einer mittleren Kleinstadt. Sie leben wie in einer Kampfregion, im steten Ringen um das Überleben. Ihr karges Dasein an oder bereits unterhalb der Grenze des Existenzminimums mitten in Europa ist eine Mahnung an unsere gedankenlose Konsumgesellschaft. Was würden die Bergbauern zu unserer »Fit for fun-Bewegung« sagen?

Mit Freude erfüllte mich deshalb der Ausspruch eines Südtiroler Bergbauern. Im Jahr 1988, also 11 Jahre nach Erscheinen der Erstausgabe dieser Zeilen, meinte er zu mir: »Ihr Buch ist unser Brot!« Die übernachtenden Weitwanderer tragen mit dazu bei, seine kleine Fremdenpension zu erhalten.

Auf unserer ersten Alpenüberquerung im Jahr 1973 stiegen wir mit dem Gasser Bauern am Osthang des Pfunderertales hinauf nach Kammerschien. Der Hof liegt isoliert zwischen zwei Lawinengebieten etwa 500 Meter über der Talsohle und ist nur zu Fuß erreichbar. Wie manch anderer Hof ist auch er im Winter oft tagelang von der Außenwelt abgeschnitten. Zufällig arbeitete im selben Jahr eine Tochter des Hofes in einer Ausflugsgaststätte am Starnberger See. Bevor wir auf dem Höhenweg nach Terenten weiter wanderten, bot man uns erfrischende Getränke an. Eine unkomplizierte Gastfreundschaft schlug uns entgegen. Es war genau das Gegenteil zur kalten Profitgier, wie man sie oft in den Städten und in den Fremdenverkehrszentren antrifft. Von Kammerschien aus geht der Blick zurück an die Hänge des inneren Pfunderertales. In diesem Seitental des Pustertales gab es rund 145 Bergbauernhöfe. Im Jahre 1951 waren davon noch 94 übriggeblieben. Die Wiesen sind so steil, dass die Bewohner zur Arbeit – und auch im Winter zum Kirchgang – Steigeisen anlegen müssen. Ein Witzbold meinte, dass dort sogar die Hühner Steigeisen tragen.

In dem ausdrucksstarken Buch »Die Erben der Einsamkeit« (1973) von Aldo Gorfer werden der Mitterhofer-Hof (1525 m hoch, seit dem Jahr 1309) und der Hauer-Hof vom Rieglberg oberhalb Pfunders ausführlich beschrieben, ebenso der Laseider-Hof (1500 m hoch) im hinteren Lüsener Tal. Wir erreichen diese Gegend am zweiten Tag nach der Übernachtung in Pfunders. Das Pfunderertal mit seinen entlegenen Höfen wurde des öfteren von schweren Naturkatastrophen heimgesucht. So tötete 1689 eine Lawine beim Kramerhof an der Eggen 27 Personen, im Jahre 1888 wurde der Weiler Dun – er ist die erste menschliche Dauersiedlung nach dem Gliederschartl – verschüttet, und am selben Tag vernichtete eine vom Schmansner Berg niedergehende Lahn elf Wohnhäuser, wobei es neun Tote gab. Der Eisbruggsee – auf dessen Zuweg wir nach den Duner Höfen stoßen – schwappte 1901 infolge plötzlicher Schneeschmelze über, und seine ausbrechenden Wasser richteten im ganzen Tal gewaltige Schäden an. Am Ende des zwölften Wandertages lädt eine Erinnerungskapelle am Weg oberhalb von Pfunders zur besinnlichen Einkehr. Auch hier hat 1951 eine Lawinenkatastrophe Menschenleben gefordert.

Der Glittnersee, etwa 2000 Meter hoch auf der Lüsener Alm gelegen. Er ist benannt nach Bauernhöfen in Lüsen/Petschid.

Wenn wir zur warmen Spätsommerzeit an den malerisch gelegenen Bauernhöfen vorbeiwandern, denkt kaum einer daran, dass wenige Monate später mancher dieser Höfe tagelang vom Tal abgeschnitten sein wird, dass dann der Schneesturm durch feine Ritzen die Eiskristalle oft bis in die Schlafkammern weht und bei Krankheit eine ärztliche Hilfe dort oben fast nicht möglich ist. Wir aber werden dann längst wieder von den Bequemlichkeiten der modernen Zivilisation verwöhnt und auch verweichlicht werden.

DOLOMITEN

»BLEICHE BERGE« – SAGENHAFTER LEBENSRAUM DER SALWANS UND GANAS

Peitler-Tee

Die Einheimischen nennen jenen felsigen Doppelgipfel, der unter den Dolomitenbergen am weitesten nach Norden vorspringt und daher ein bekannter Aussichtsgipfel ist, kurz und liebevoll: »Peitler«; im Schriftdeutsch gehört noch ein Kofel darangehängt.

Nach dem Gang durch das schattige Lasankental oberhalb von Lüsen haben wir bald darauf auch die weichen Matten der Gungganwiesen hinter uns gelassen. Der Weg wird steiler und anstrengender. Da sehen wir weit oben, unterhalb der Peitlerscharte einige Menschen, die sich wohl bewegten, aber doch nicht vom Fleck kommen. Sollten sie auf dem steinigen Boden etwa nach wertvollen Mineralien suchen? Beim Näherkommen erkennen wir bäuerlich gekleidete Frauen. Of-

Der Große (links) und der Kleine Peitlerkofel mit ihren Schauseiten – den Nordwestwänden – vom Würzjoch aus gesehen. Während durch sie anspruchsvolle Kletterrouten führen, lässt sich der Große Peitlerkofel von der Peitlerscharte aus auf einem gesicherten Steig erreichen.

fensichtlich sammeln sie bestimmte Kräuter. Wie wir feststellen, sind es die Blätter der bodendeckenden Silberwurz (Dryas octopetala).

Der Gattungsname Dryas steht im Griechischen für Eiche. Er bezieht sich auf die eichenähnliche Form der Laubblätter. Sie sind an der Oberseite glänzend und unten silberweiß filzig. Dies schützt sie vor zu starker Strahlung an den extremen Standorten. An den typischen Einkerbungen sind sie leicht zu erkennen. Diese unverwechselbaren Blätter finden sich als Versteinerungen in eiszeitlichen Ablagerungen, den sogenannten »Dryas-Tonen«. Eine erdgeschichtliche Zeituhr und zugleich ein Hinweis auf die jeweils herrschende Vegetation und damit auch auf das Klima stellen die abgelagerten Blütenstaubkörner in den Moorschichten dar. So findet sich unter der Torfmoorschicht, welche die Pollenkörner der Bäume enthält, eine

Bild rechts:
Die Schlüter-Hütte (Rifugio Genova; 14./15. Wandertag) wurde 1898 erbaut und 1907 umgebaut. Links im Hintergrund die Geislerspitzen mit ihren Nordwänden.

Bild Seite 81:
Blick über das Campilltal zur Gardenaccia-Hochfläche, zur Sella- und zur Marmoladagruppe (15. Wandertag). Links oben die Civetta, an deren Nordwestwand die Wanderetappe des 15. Tages entlang führt.

weitere mit jenen der Silberwurz, der Weiden und Seggen. Ein Beweis dafür, dass die Flora Mitteleuropas vor dem Aufkommen der Wälder aus einer Pflanzengesellschaft bestand, wie sie heute noch in größerem Ausmaß im hohen Norden Skandinaviens, in Island und in Schottland vorkommt. In Grönland reicht das Verbreitungsgebiet der Silberwurz bis zum Breitengrad 83°, 24'. Dort bildet sie noch ausgedehnte und dichte Kolonien. Der ebenfalls aus dem Griechischen stammende Artname verweist auf die acht geäderten Kronblätter. Aus der Blüte entwickelt sich eine Sammelfrucht, die aus kleinen Nüssen besteht, auf denen noch die flaumigen Griffel zu erkennen sind. Hübsch sind diese Federbüschel der Samenstände, wenn sie im Gegenlicht aufblitzen. Der Volksmund in Tirol nennt sie »Petersbart« oder »Wild-Mann«. Dieses Zwergsträuchlein gehört wie die Erdbeere und auch

das Dolomitenfingerkraut zur großen Familie der Rosenblütler. Im Gegensatz zu diesen Pflanzen gibt es bei der Gattung Dryas nur eine einzige Art. Sie nimmt mit den ärmsten Böden vorlieb, hat aber dennoch leuchtende Blütensterne, die ganze Steinwüsten in ein Blütenmeer verwandeln, wenn sie den Frühling einläutet.

Von den ersten Wandertagen auf den kargen Schotterböden der Isar, besonders zwischen Bad Tölz und Lenggries, sind sie uns wohl vertraut. Dort sind sie von hohem, aufbauendem Wert für den Boden des später folgenden erikareichen Föhrenwaldes. Hier wie dort ist die Silberwurz eine Pionierpflanze auf Kalkschutt und bewahrt mit ihren tiefreichenden Wurzeln das Geröll vor weiterer Verfrachtung und Erosion. An geeigneten Standorten kann sie über hundert Jahre alt werden. Von den Wildflusstälern steigt sie bis 3000 Meter hoch hinauf. Nach ihrer weiten Wanderung um die Arktis erreichte sie mit der Eiszeit die Alpen und ist uns seitdem treu geblieben.

Doch nun zurück zu den Kräutersammlerinnen: Unsere Neugierde und der Wissensdurst des mitwandernden Apothekers bringt bald ein Gespräch mit den Frauen in Gang. Dabei erfahren wir von der Heilkraft des Silberwurztees bei Lungenkrankheiten und Herzschwäche. Gegen letztere ist eine Mischung mit Gemswurz (Doronikum) ebenfalls günstig. Auch sei der Tee, der von den Blättern und Blüten gewonnen wird und fünf Minuten zu kochen ist, leicht urintreibend. In Notzeiten dient er wegen ähnlicher Farbe und Geschmack als Ersatz für den

Bild links:
Am 15. Wandertag steht man im Crespeinajoch vor diesem Bergkreuz aus Zirbelholz.

Bild Seite 82:
Das Langental mit Wolkenstein an der Einmündung in das Grödner Tal. Links oben der Langkofel (15. Wandertag).

schwarzen Chinatee. In dem lehrreichen Heftchen von Schwingshackel über »Die Heilkräuter Südtirols« wird er schließlich besonders bei Bergtouren empfohlen, da er, wie es heißt, wohltätig auf das Herz wirkt und leichten Atem macht. Was nimmt es da Wunder, wenn wir später bei anstrengenden Aufstiegen mit den schweren Rucksäcken, die den Atem kürzer werden ließen, oft von jener Begegnung am Peitler sprechen! Aus dem Silberwurztee wird so für uns der »Peitler-Tee«.

Da dieses liebenswerte Pflänzchen vor allem auch in der Gegend des Heiligkreuzkofels massenhaft vorkommt, hat es in Südtirol auch den Namen Heilig-Kreuz-Tee. Im Salzburgischen dagegen nennt man es Kaisertee und in der Gegend von Bern Schwizertee.

Im Reich der Sagen

Die Wanderung an der Isar, durch Tirol und Ladinien bis hinunter in die Stadt am Meer ist zugleich ein Gang durch ein geheimnisvolles Sagenreich.

Wenn der Spätsommer im Isartal seinen Einzug hält und damit die hohe Zeit des Wanderns beginnt, soll der einsame Wanderer – vermischt mit dem Glucksen des Wassers – die Lockrufe der Isarnixe hören. Hierzu passt die Geschichte, die bald nach der glanzvollen Hochzeit des Bayernherzogs Albrecht IV. mit Kunigunde, einer Tochter Kaiser Friedrichs III., im Jahre 1487 geschehen sein soll. Danach spielte im Schloss Grünwald ein schon

Bild links:
Die Nacht hat die Dämmerung abgelöst. In der Boèhütte findet man Geborgenheit.

Seite 84 links oben:
Faszinierend ist die Überquerung des kargen Sellaplateaus, doch man freut sich auch wieder auf grüne Talböden.

Seite 84 links unten:
Der Boèseekofel, ein beliebter Kletterberg, von der Pisciadùhütte aus gesehen.

Seite 84 rechts oben:
Die Boèhütte – aller Illusionen beraubt…

bei den Hochzeitsfeierlichkeiten bekannt gewordener blonder Geselle den Rittersleuten mit der Sackpfeife auf. Ein keckes und schönes Edelfräulein fragte ihn, ob er den Mut besäße, sein Leben zu wagen. »Es sei!« rief dieser und forderte eine Gelegenheit zur Tat. Da riss das übermütige Fräulein ihr Geschmeide vom Hals und warf es in die Isarfluten. Ohne Besinnen stürzte sich der junge Spielmann in das rauschende Wasser. Die Isar aber gab ihn nicht mehr zurück. Drei Tage danach war auch das Edelfräulein spurlos verschwunden. Seit jener Zeit soll der geisterhafte Ruf »Tutli-i-i-i« durch die Auen tönen.

Am zweiten Wandertag passieren wir ein paar Stunden oberhalb des Roten Kreuzes an der waldreichen Weißleiten die Gegend, wo sich einst ein armer Floßknecht aus der Jachenau zum letzten Mal verstohlen mit der schönen und reichen Müllerstochter Philomena traf. Nach dem glücklichen Beisammensein auf der Burg oben am steilen Isarufer wurde er auf der Flucht erdolcht.

Am Oberlauf der Isar, nahe bei Bad Tölz, erzählt man sich, dass der Teufel einmal die Isar abgraben wollte. Durch die List eines Messners, der die Gebetsglocke früher als üblich läutete, wurde der Teufel bei seinem Vorhaben gestört. So blieb der Graben unvollendet und heißt bis zum heutigen Tag Teufelsgraben.

Weit drinnen im Tirolerischen, wo wir über große Urgesteinsblöcke der

Ausblick von der Sella: zartes Abendlicht auf der Punta Serauta (links); rechts der Marmoladagletscher.

Friesenbergscharte, die den Übergang vom Tuxer in den Zillertaler Hauptkamm vermittelt, zusteigen, hausten in uralter Zeit in den steilen Flanken der Gefrornen Wand die »Wilden Fräulein«. Da erschien einst ein schrecklicher Riese von jenseits der Berge und wollte sich im Tuxer Tal niederlassen. Er fraß den Bauern fast alles weg, was sie hatten. Zudem mussten sie ihm noch schwere Steine für seine Behausung – es sollte ein großes Schloss werden – zusammentragen. Als einige Bauernburschen zur Wand hinaufstiegen, um einige von den großen Blöcken für den Schlossbau herunter zu schleppen, begegneten sie den »Wilden Fräulein«. Diese versprachen den Bauern zu helfen. Kaum war die Burg fertig, schickten sie Sturm, Blitz und Donner, und es blieb nichts mehr von ihr übrig. Der Riese bemerkte die Urheber seines Unglücks oben an der Gefrornen Wand. Mit seiner kräftigen Pranke kratzte er voll Wut über die Felsen, doch die Fräulein waren schneller. Sie hatten sich bereits in den Berg zurückgezogen. Daraufhin stapfte er über das Joch wieder nach Süden und ward nie mehr gesehen.

Entlang des ganzen Weges über die Alpen treffen wir immer wieder auf verfallene Stollen sowie auf Namen und Sagen, die auf den Reichtum an wertvollen Mineralien hinweisen. Erinnert sei nur an Arz(Erz)bach an der Isar, den Karwendelhang »Silberner Hansl«, Hinterriß, das Halltal, den Fin-

Am 18. Wandertag geht man durch die Serrai di Sottoguda, die Durchbruchschlucht des Pettorinabaches im Marmoladakalk. Die Schlucht ist fast zwei Kilometer lang, zwischen fünf und 20 Meter breit und über 50 Meter tief. Das Sträßchen wurde im Ersten Weltkrieg von den Italienern als Zuweg zum Frontabschnitt an der Marmolada erbaut.

Alleghe am gleichnamigen See, darüber der Col Rean, auf dem die Tissihütte steht und – beherrschend – die berühmte Civetta-Nordwestwand (18./19. Wandertag).

singboden in den Tuxer Bergen und an Caprile im Cordèvoletal.

Zwei Tage nach der Gefrornen Wand stoßen wir nach dem weglosen und mineralreichen Gliederschartl zum erstenmal wieder auf eine Wegmarkierung. Sie führt hinauf zur Weitenberger Alpe. Dort war einmal ein Goldbergwerk. Wegen eines gewaltigen Naturereignisses, bei dem viele Knappen ums Leben kamen, musste es aufgelassen werden. Der Steig, den wir hinaus nach Dun und Pfunders gehen, ist demnach ein alter Knappensteig. Heute noch sind Mauerreste von Schmelzhütten sichtbar, und Pfunders soll von Knappen aus Dun besiedelt worden sein.

Auf den Almen von Puez, der Hochfläche von Gardenazza sowie am Ufer des Crespeiner Sees und am Viel del Pan stehen wir dann mitten drin im Reich der unerschöpflichen Sagenwelt Südtirols. Mit den »Gläsernen Bergen« – gemeint ist der vergletscherte Hauptkamm – haben wir die Grenzen einer mythischen Außenwelt überschritten und sind eingedrungen in das Reich der »Bleichen Berge«. Die Sage von den »Gläsernen Bergen« war in den Südalpen weit verbreitet. Die vergletscherten Berge galten als unheimlich und furchtbar, bei den Ladinern sogar als das Ende der Welt. Die mineralkundigen »Venedigermandln« holten einst Gold und Edelsteine aus dem Gebirge heim in ihre große und reiche Stadt am Meer.

»Fernab der Zeit«: Kämpfe in Fels und Eis

Der mächtige Bergstock der Marmolada scheidet das Agordo, wo einst die kriegerischen Trusaner wohnten und durch das die Wege von Venezien heraufführten, von den bäuerlichen Siedlungen des Fassatales. Wie die Sage erzählt, hielten sich die Bauern einst zur Verteidigung die aus der Langobardenzeit zurückgebliebenen Kriegsmannen, die Arimannen. Vom Nachtlager am Fedajasee und Kämpfen entlang des Saumpfades Viàl del Pàn, dem heutigen Bindelweg, kündet eine ladinische Sage. Am Südfuß des himmelstürmenden Marmoladafelsens sollen vergoldete Mauerzinnen die reiche Königsstadt von Contrin umgürtet haben. Nach der Eroberung durch die Trusaner sang einst König Odòlghes auf ihren Trümmern das Totenlied der freien Contriner. Für die 9424 Gefallenen der Dolomitenfront aus beiden Weltkriegen, die in der Nähe des Pordoijoches begraben liegen, ist dort in eine schwere Eisentüre des Ehrenmals der Totenvers eingraviert.

Die Coldaihütte (Rifugio Adolfo Sonino al Coldai), 1905 erbaut und 1980 umgebaut, gehört der Sektion Venezia des Club Alpino Italiano (CAI). Man erreicht die Hütte am 19. Wandertag. Im Hintergrund der Torre Coldai.

»Fernab der Zeit, hoch über der
Berge Firn,
Nahe bei Stein und Gestirn,
spüren wir Eure Ewigkeit«.

Während der Rast am Pordoijoch sehen wir jenseits der Kriegsgräberstätte den Col di Lana aufragen. Er wurde in den Kriegsjahren 1916/17 zum »Col di sangue«, zum Blutberg Ladiniens. Bei den ersten Angriffskämpfen im Oktober 1915 erkannten die Italiener: Auf herkömmliche Weise ist dieser beherrschende Gipfel über dem Cordèvoletal nicht zu erstürmen. Daraufhin kam dem Ingenieur und Leutnant Caitani der Gedanke, den Gipfel des Berges mitsamt seinen Verteidigern in die Luft zu sprengen. Um sich nicht zu verraten, wurde anfangs beim Stollenbau keine Bohrmaschine eingesetzt.

Später feuerte die Artillerie, um jegliche verdächtige Geräusche zu übertönen, auf die Sekunde genau mit den notwendigen Sprengungen im Berginnern auf den Gipfel; es wurden auch Handgranaten geworfen. Anfang Januar 1916 erkannte jedoch ein österreichischer Beobachter vom Pordoijoch aus große Schuttablagerungen am Col di Lana. Doch erst Mitte März hatten die Verteidiger durch die näherkommenden Bohrgeräusche die Gewissheit, dass ihre Gipfelstellung unterminiert werde. Daraufhin versuchten die Österreicher mittels eigener Bohrungen den italienischen Stollen zum Einsturz zu bringen. Vergeblich! Am 12. April beendeten die Italiener ihre fieberhaft betriebene Arbeit an dem nun insgesamt 105 Meter langen Stollen. Mit 5000 Kilogramm Nitrogelatine wurden die beiden Minenkammern gefüllt. In der beklemmenden Stille war sich die Gipfelbesatzung be-

Morgenstimmung am Zustieg von der Coldaihütte zur Via ferrata Alleghesi, die auf den Civetta-Hauptgipfel führt. Ein lohnender Tourenabstecher für an Klettersteigen geübte Traumpfad-Begeher. Bildbeherrschend der Monte Pelmo.

wusst: Jeden Augenblick können wir in die Luft gesprengt werden. Punkt 23 Uhr und 30 Minuten, am 17. April 1916, drückte auf italienischer Seite eine Hand auf den elektrischen Knopf, und mit 10 000 Tonnen Felsblöcken wirbelten zerfetzte Menschenleiber durch die Luft.

Entlang des Bindelweges, jener herrlichen Panorama-Promenade, auf der wir nachmittags in Richtung Fedàjasee dahinschlendern, liegt die Marmolada wie auf einem Präsentierteller vor uns. Zu Beginn des Ersten Weltkrieges hielt man ein Kämpfen in diesen menschenfeindlichen Regionen nicht für möglich. Doch besetzten bereits im Frühjahr 1916 Deutsche und Österreicher die wichtigsten Punkte oben am Gletscher. Der Gegner, der sich im Rücken der Col-di-Lana-Front bedroht fühlte, eroberte daraufhin die östlich gelegene Serauto-Stellung. Oben am Gipfelgrat der Marmo-

Civettagruppe von Südosten. Rechts der Torre Trieste, links der Torre Venezia.

Bild oben rechs: *1974 bei der Case Bortot (Schiara). Signora M. Tissi (mitte), die Witwe des Kletterers Attilio Tissi. Links daneben Sylvia Congost, vorne rechts Arnulf Killmann.*

lada in einer Höhe von 3300 Meter, von wo wir heute die Wanderroute nach Norden und Süden weit überschauen, feuerte damals ein Geschütz hinunter zu den italienischen Stellungen. Wie Maulwürfe hatten sich die Kaiserjäger und das bayerische Alpenkorps – insgesamt 1500 Mann – in das Gletschereis eingegraben. Nach den Entwürfen des Innsbrucker Ingenieurs Leo Handel bauten sie acht Kilometer lange Stollen. In einer Tiefe von 30 bis 50 Meter errichteten sie eine »Eisstadt« mit Vorrats- und Munitionsräumen. mit Fernsprechzentrale, Bataillonsgefechtsstand sowie mit Sanitäts-, Mannschafts- und Offiziersunterkünften. Da kam der schneereiche Winter 1916/17. Nach heftigem, nassem Schneefall verschütteten die weißen Massen eine große Baracke mit 50 Soldaten. Doch das sollte erst der Auftakt zu noch größeren Katastrophen sein. Anfang Dezember schneite es tagelang. In der Nacht auf den 13., es war ein Freitag, setzte Tauwetter ein, und rund eine Million Kubikmeter Schnee kam ins Gleiten. In Sekundenschnelle zerdrückte er ein ganzes Barackenlager. An die 300 Tote forderte diese gewaltige Lawine, und noch im März barg man 40 Leichen unten im Kar. Die Italiener verloren durch eine Lawine im oberen Petorinatal 200 Menschen. Der ganze Winter kostete über 10 000 Menschenleben durch Lawinen. Hingen aber dann bei lachender Sonne wieder weiße Schönwetterwolken am südlich blauen Himmel und strich ein klares Berglüfterl um die Gipfel, so schien der Krieg wie ein böser Traum.

Laufen einem nicht heute noch Schauer über den Rücken, wenn man liest, wie mehrmals Talstellungen auf beiden Frontseiten durch herunterdonnernde Lawinen zu einem Hexenkessel wurden, wie die sich Bekämpfenden ihre Schützengräben verließen, in die Talmitte flüchteten, um dort wie verängstigte Tiere, in Haufen gedrängt,

mit Entsetzen auf die tobenden Naturgewalten zu starren?

Ohne die schweren Opfer und die großen Leistungen der Kriegsteilnehmer mindern zu wollen, sei an einen Ausspruch des großen Leonardo da Vinci erinnert. Er sagte vor 500 Jahren: »Der Krieg ist die tierischste aller menschlichen Dummheiten«. Ein Verhaltensforscher oder Tierfreund wird sich das Wort »tierisch« in diesem Zusammenhang verbitten. Mag der Krieg so alt wie die Liebe und der Hunger sein (wie Gunther Langes in seinem Buch »Die Front in Fels und Eis« einleitend schreibt), die Möglichkeit, mit ABC-Waffen die gesamte Menschheit gleich mehrmals in Sekundenschnelle zu vernichten, gab es früher nicht. Heute steht am Ende jedes Kampfes auf Leben und Tod in jedem Fall – der Tod.

Durch oder über die Alpen?

Die Entscheidung, ob man lieber durch die Alpentäler wandert oder aber über Jöcher, Scharten und auch mal auf einen Gipfel steigt, muss bei der Planung jeder größeren Alpenwanderung getroffen werden. In früheren Jahrhunderten aber, vor dem

Ausblick von der Moiazza nach Süden. Ganz im Hintergrund die Schiaragruppe. Sie wird auf dem »Traumpfad« überquert.

Bild oben:
Das Rifugio 7° Alpini (Rif. Settimo Reggimento Alpini) am Fuß der Schiara-Südwand. Die Hütte wurde erst 1951 erbaut und 1975 vergrößert. Sie ist beliebter Stützpunkt für das Klettersteigenetz der Schiara.

Bild rechts:
Auf der Via ferrata del Marmòl, dem anspruchsvollsten Abschnitt der gesamten Wanderroute (man kann ihn natürlich auch umgehen). Im Hintergrund die steilen Wände des Monte Pelf.

Aufkommen des Alpinismus, wurden solche Überlegungen nicht angestellt. Die Rom-Pilger und Kunstreisenden in früherer Zeit benutzten die leichtesten Übergänge. Sie waren vorgezeichnet durch die alten Handelswege. Das Gebirge abseits dieser Routen war für die meisten der damals Reisenden eine furchterregende Landschaft, wo Teufel und Geister hausten. Der religiöse Mensch des Mittelalters mied die Bergwelt, nicht nur aus Angst. Der italienische Dichter Petrarca (1304 bis 1374) musste sich Vorwürfe seiner »weltlichen Begierden« wegen machen, als er im Jahre 1335 aus reinem Forscherdrang und Freude an der Schönheit der Natur den 1908 Meter hohen Mont Ventoux bestieg. Am Gipfel schlug er willkürlich das Buch der Bekenntnisse des Hl. Augustinus auf und – wie's der Zufall oder die Fügung will – las er demütig die ermahnenden Worte des Kirchenvaters: »Da gehen die Menschen, die Höhe der Berge zu bewundern und die Fluten des Meeres, die Strömungen der Flüsse, des Ozeans Umkreis und der Gestirne Bahnen und verlieren sich dabei selber!« Erst Jahrhunderte später wandelte sich diese Einstellung.

Heute sind die Berge zum großen Erholungsparadies geworden. Doch viel zu sehr gilt das Interesse dem Bezwingen und Ersteigen und viel zu wenig dem Erkennen und Schauen. Leistungsdenken aus dem Alltag statt Freude an der geistig-seelischen Bereicherung bestimmt meistens das Tun. Wie viele Stunden sie bis zum Gipfelkreuz gebraucht haben, wissen fast alle, die wenigsten aber, über welche Gesteinsarten sie aufgestiegen sind oder was am Wege alles blühte.

Die Entscheidung der Frage: durch oder über die Alpen? ist allerdings nicht nur eine Frage des Zeitgeistes oder der persönlichen Beziehung zur Bergwelt, sondern hängt natürlich auch vom individuellen Leistungsvermögen ab. Grundkenntnisse in Geologie und Botanik bereichern wesentlich das Erlebnis einer Alpenüberquerung.

Die großen Täler und die klassischen Übergänge sind das ganze Jahr hindurch erfüllt von Autolärm und Benzingestank. Der Weitwanderer, der die Ruhe und das Naturerlebnis sucht, der eintauchen will ins Unberührte und Ursprüngliche, ist gezwungen, in entlegene Täler und auf Scharten auszuweichen. Besonders die für den Durchgangsverkehr erschlossenen Täler und Jöcher meidet er. Unser »Traumpfad« über die Alpen führt deshalb über 33 Jöcher und Scharten. Selbst am Grödner- und Pordoijoch, beide sind über 2100 Meter hoch, steigen wir von oben auf den Sattel der Passstraße hinunter und verlassen diesen wieder bergwärts. Neben den vielen Bergbahnen und Lifts und hat zur Übererschließung der Alpen vor allem auch der Ausbau von Militärstraßen und Wirtschaftswegen beigetragen. So führt auf das Pfitscher Joch, wo unsere Route die orographische Linie des Alpenhauptkammes überquert, bereits von Süden her eine alte Militärstraße. Sollte auch noch vom Stausee im Schlegeisgrund die Straße zum Joch weiter gebaut werden, müsste der naturliebende Weitwanderer in noch extremere alpine Bereiche ausweichen. Für mich ist die 2000-Meter-Höhenlinie eine magische Grenze beim Wandern. In der Zone zwischen Wald- und Baumgrenze faszinieren die fotogensten Landschaftsbilder. Der Blick wird frei in eine abwechslungsreich gestaltete Ferne und findet im Vordergrund noch Halt an markanten Baumveteranen. Bereits im Karwendel erreichen wir diese ideale Wanderlandschaft, erneut dann wieder am Glungezer oberhalb des Inntals. Und ab der Peitlerscharte endlich wandern wir tagelang oberhalb dieser Traumwanderlinie. Bei schlechtem Wetter, ungenügenden Markierungen und mangelhafter Bergerfahrung birgt dieser Höhenbereich jedoch auch verschiedene Gefahren.

Durch plattentektonischen Druck vom Süden mit Widerlager im Norden wurden die Alpen aufgefaltet. Es schoben sich die geologischen Formationen zusammen und übereinander. Bei der Wanderung von Norden nach Süden erkennen wir so hinsichtlich der Bergformen und des Bewuchses große Unterschiede und Gegensätze. Zum großen Teil beruhen sie auf den verschiedenen geologischen Verhältnissen. Bewegt man sich innerhalb der Ostalpen in ost-westlicher Richtung, verweilt man unter Umständen tagelang in einer Landschaft mit gleichen Bergformen, Talfurchen, gleicher Flora und unveränderten Wirtschaftsformen. Beim Auf und Ab über die Berge erleben wir mit dem Wechsel der Höhenlagen des öfteren die verschiedenen Jahreszeiten und damit den Blütenreigen vom Frühjahr bis zum Herbst. Beim Abstieg vom Nevegal umfängt uns dann endgültig der Süden.

Die Nacht von Furio Bianchet

Nach sieben verregneten Dolomitentagen funkeln endlich über der Pra della Vedova an der Rifugio Pramperet die Sterne vom blankgefegten Berghimmel. Doch wir – in unserem Falle sieben Alpenwanderer auf dem Weg von Bad Tölz nach Belluno – haben uns zu früh gefreut. Verhangene Berge

1973, Schlechtwettereinbruch: die Gaßler-Gruppe im Aufstieg zur Forcella Sud del Van de Città in den südlichen Dolomiten; vorne Resi Gaßler (22. Wandertag).

und Dauerregen auch am nächsten Morgen!

Vergeblich warten wir auf Wetterbesserung. Gegen zehn Uhr brechen wir dennoch auf. Nach Überwindung der ersten hundert Höhenmeter werden die Regentropfen größer. Einzelne Schneeflocken mischen sich darunter. Wie in den Kindertagen stimmen sie zuerst etwas fröhlich. Man summt: Leise rieselt der Schnee. Als aber das Schneetreiben zunimmt und die Markierungen in dem fremden und einsamen Bergland langsam unter der Schneedecke verschwinden, wird die Stimmung ernster. Zum Glück haben Bergfreunde außer den Farbklecksen da und dort noch Steinmännchen errichtet. Mit dem Aufwärtssteigen klettert der Höhenmesser auf 2000, 2100, ja über 2300 Meter. Der Pfad wird noch steiler und das Schneetreiben heftiger. Sturm peitscht die Regenumhänge über die Köpfe und nimmt einem fast den Atem. Die Brillenträger klagen über beschlagene Gläser.

Bild oben links: 1974, *München-Venedig-Wanderer in der Gipfelhütte des Col Visentin (1763 m). Am 24. Wandertag wird dieser letzte alpine Höhenrücken südlich von Belluno erreicht.*

Bild oben rechts: *Kreuzweg mit Kirche am Südfuß des Nevegals oberhalb von Revine. Im Hintergrund die Autobahnbrücke bei Vittorio Vèneto (24. Wandertag).*

Neben dem glitschigen Steig gähnen rechts und links im Nebel unbekannte Tiefen. Ein unachtsamer Schritt kann zum Verhängnis werden. Nur jetzt nicht nervös werden! Vor allem muss die Gruppe beisammen bleiben. Angestrengt versuche ich nach der Geländeform den Verlauf des Steiges auszumachen. Endlich verliert er an Höhe. Immer wieder suchen wir gemeinsam nach den Markierungen. Die Schneeflocken werden größer und gehen endlich wieder in Regen über. Froh, der kritischen Situation entronnen zu sein, doch triefend vor Nässe, die sowohl von außen wie unter den luftundurchlässigen Ponchos auch von innen kommt, gelangen wir zu einer verlassenen Alm. An der rußgeschwärzten Wand zwischen ein paar Steinen versucht Josef, unser »Feuermeister«, mit dem herumliegenden Holz Wärme in den Raum zu bekommen. Doch die Scheite sind zu feucht. Eingehüllt in Rauch und Qualm zieht es durch die Ritzen, und die Kälte kriecht uns langsam den Körper herauf. Es ist viel zu ungemütlich für eine längere Brotzeit. So setzen wir den Weg über einen tief eingeschnittenen Bach und hinauf zum Varettajoch fort. Mina hat ihre Grippe noch nicht ganz überwunden, und auch meine Fußverletzung von der Civetta beginnt wieder zu schmerzen. An ein Übersteigen der verschneiten Schiara ist unter diesen Verhältnissen nicht zu denken. Also Abstieg durch den Bergwald zur tief unten im Val Vescova gelegenen Hütte Furio Bianchet! Ein weit auseinandergezogenes Häufchen Wanderer erreicht gegen 15.00 Uhr dieses Tagesziel.

Fenster und Türen stehen sperrangelweit offen. Vor der Hütte steht ein Jeep, in dem sogar der Zündschlüssel steckt. Weit und breit aber ist keine Menschenseele zu sehen. Das Haus scheint neu zu sein. Die Küche ist modern ausgestattet und bei den reichlich vorhandenen Speisen und der vollen Hausbar wächst unser Appetit noch mehr. Im Kamin schwelen Holzscheite. Josef entfacht sie zu lodernden

Flammen. Wir genießen die Wärme, hängen die Kleider und stellen die Schuhe zum Trocknen auf. Die Stunden vergehen. Von einem Hüttenwirt ist noch immer nichts zu sehen. Uns wird eigenartig zumute. Schließlich schreiben wir mit großen Buchstaben auf ein Blatt: »Wir sind keine Räuber, sondern sieben Alpini, bitte nicht schießen!« Den Zettel heften wir vorsichtshalber an die Eingangstüre.

Mehr Nacht als Tag ist es schon, als dann zwei bärtige Männer die Hütte betreten. In der Art, wie sie zielstrebig auf die Verpflegung in der Küche zugehen, erkennen wir: sie gehören zur Hütte! Wie sich später herausstellt, ist der eine der Hüttenwirt und Bergführer und der andere sein Bruder, ein Forstarbeiter. Unsere Frauen helfen beim Zubereiten des Abendessens. Bei Rotwein und Grappa lockert sich vollends die Atmosphäre, und beschwingte Melodien aus einem alten Grammophon fordern zum Tanz. Die Bilder verschwimmen und auch die Erinnerung. Es ist bereits spät in der Nacht, als die letzten von uns die breite Treppe ins Obergeschoss hinaufklettern.

Wie alle in die Betten kamen, bleibt ebenso ungeklärt wie ein nächtlicher Spuk. Beim gemeinsamen Frühstück ist nämlich von einem Geist mit Lampe, von einem Krach und von verrutschten sowie verhangenen Betten die Rede. Ein Dritter erzählt, sein Schlafsack ist mit Löchern versehen. Die ulkigsten Sachen waren passiert. Mich beispielsweise brachte ein Bärtiger zum Lachen. Als ich mich bei Dunkelheit entlang der Wand zum Klo vortastete, wurde ich plötzlich umarmt. Doch als jener Geist merkte, dass ich ein Mann bin, war er weg, bevor das Licht anging.

Gezeichnet von der langen Regenwanderung, doch bestens erholt und randvoll mit Erlebnissen, endet für den größten Teil der Gruppe noch am selben Tag die dreiwöchige Alpenwanderung auf der belebten und sonnenüberfluteten Piazza dei Martiri in der reizvoll gelegenen südlichen Bergstadt Belluno.

Bild oben links:
Das interessante Städtchen Conegliano – Ausgangspunkt der Rot- und der Weißweinstraße, liegt eine Bahnstation vom Ziel des 25. Wandertages, Ponte Priula, entfernt.

Bild oben rechts:
Die »Molinetto della Croda« (Mühle auf dem Felsvorsprung) stammt aus dem 17. Jahrhundert und liegt direkt an der Route des 25. Wandertages, zwei Kilometer vor Refrontolo.

FOTO

VÈNETO

REGION ZWISCHEN DOLOMITEN UND ADRIATISCHEM MEER

Bild oben: *Der Glockenturm des Domes zu Belluno (1743), im Vordergrund der Stadtturm.*
Bild oben rechts: *Römischer Sarkophag mit griechischer Inschrift »Ruhe im Gedenken an Deine Berge« (3. Jh. n. Chr.)*

Kunst am Wege

Wie eine gewaltige Architektur säumen unseren »Traumpfad« senkrechte Kalkwände, breite Bergkegel und schlanke Felstürme. In Form und Farbe wechseln diese von der Natur geschaffenen Werke vom hellen Karwendel über das dunkle Schiefergebirge bis zu den rötlichen Dolomitenzinnen. Geschmückt werden sie von den Silberadern der Bergbäche, vom glänzenden Firnschnee und von den in allen Farben leuchtenden Bergblumen. Künstler aller Zeiten empfingen Inspiration und Kraft aus der geheimnisvollen und formenreichen Natur der Alpenwelt.

Aus dem oberbayerischen Alpenvorland kamen die Künstler des Wessobrunner Kreises und die Gebrüder Asam. In den Tälern der Ammer, des Grödnerbaches und Maèflusses sind seit Jahrhunderten die Holzschnitzer zu Hause. Albrecht Dürer fand in der Stadt am Meer Vorbilder und Anregung für sein Gemälde »Das Rosenkranzfest«. Am Anfang und am Ende unserer Route stehen zwei in der ganzen Welt berühmte Kunststädte: München und Venedig.

Gleich am ersten Wandertag erlebten wir in der Schäftlarner Klosterkirche alle Pracht des bayerischen Barocks. Zahllos sind die Werke der Volkskunst am Wege. Erinnert sei nur an die verwitterten oberbayerischen und Tiroler Bauernhöfe mit kunstvollem Bundwerk und Lüftlmalerei sowie an die bunten Tölzer Bauernschränke. An den Zillertaler Höfen fielen uns die beidseitigen Erker auf, in Südtirol die steinernen Treppen zu den runden Haustüren und im Agordino der Vorbau des Fogher (offener Kamin). Im-

Bild rechts:
Teil des Kreuzrippengewölbes im berühmten Kreuzgang am Brixener Dom mit Fresken aus dem 14. bis zum Beginn des 16. Jahrhunderts.

Bild auf Seite 101:
Auf dem Domplatz zu Brixen. Der Dom wurde 1745 bis 1755 barockisiert. Rechts vorne die Gedenksäule an die Jahrtausendfeier der Stadt.

mer wieder trafen wir auf Marterln, Wegkreuze, auf Haus- und Bergkapellen. Sie erinnern oberhalb Pfunders wie auch vor den Berghütten auf dem Halleranger, an der Civetta und Schiara an die Opfer der Berge. Moderne, geschmackvolle Kunst in der 1958 erbauten Wattener Himmelfahrtskirche regte uns am ersten Ruhetag zu besinnlichen Minuten an, nachdem wir vorher in Sankt Martin oben im Gnadenwald die Bilder aus dem Leben des Heiligen bewundert hatten. Der Innsbrucker Michael Ignaz Milldorfer hat mit diesen Fresken zwischen reichem Stuck die Kirche auf der Terrasse über dem Inntal im Jahr 1743 geschmückt. Im selben Jahr vollendete Filippo Juvara am Dom in Belluno einen der schönsten Barocktürme Italiens. Der Ruhetag in Belluno, dieser schönen Stadt am Piave zwischen Schiara und Nevegal, reicht nicht aus, um die hier bereits voll in Erscheinung tretende venezianische Kunst an den Palästen und Kirchen zu bestaunen. Er lässt aber ahnen, was an Schönem in Venedig auf den Wanderer wartet. Wohl einmalig im ganzen Alpenraum ist das fast 2000 Jahre alte, steinerne Zeugnis einer Liebe zu den Bergen, das heute im Innenhof der Bibliothek in Belluno zu bewundern ist. Noch zu seinen Lebzeiten ließ der Römer Caio Flavio Ostilio für sich und seine Ehefrau Domitia einen Sarkophag bauen (siehe Abb. S. 100). 1480 wurde er wieder entdeckt. An den Seiten schmücken ihn Jagdszenen und die griechische Inschrift: »Ruhe, im Gedenken an Deine Berge!«

Aus dem 16. Jahrhundert stammt der Dom Mariä Himmelfahrt. Erbaut hat ihn Tullio Lombardi, derselbe Künstler, der auch die Plastik des im Jahre 1501 bei Imola gefallenen Ritters Guidarelli – des Vielgeküssten – in Ravenna schuf. Im Innern birgt der Dom unter anderem Werke von Andrea Brustolon, Cesare Vecellio, Ixopo da Bassano und Andrea Schiavone. Auch in der Kirche St. Stephanus finden sich Werke des »Michelangelo der Holzbildhauerei«, wie Honorè de Balzac den Schnitzer Brustolon aus dem Zoldano einst bezeichnete. Vergessen sei nicht die Kirche San Pietro (1326), ebenfalls mit Werken von Brustolon und Malereien von Ricci und Schiavone.

Atmosphäre schaffen die alten Brunnen vor dem prachtvollen Renaissance-Palast dei Retori (1491) und der auf der Piazetta del Mercato. Jener mit der Bischofsfigur stammt aus dem Jahr 1410. Noch wesentlich älter sind der Stadtturm, ein Teil des alten Bischofspalastes aus dem Jahre 1190 und die Porta Rugo mit Resten antiker Mauern. Archäologische Funde, eine Münzensammlung und bedeutende Gemälde sind im Städtischen Museum zu besichtigen. Mittelpunkt des geschäftlichen und auch gesellschaftlichen Lebens aber ist die weitläufige Piazza dei Martiri mit den gepflegten Parkanlagen, der zierlichen Kirche San Rocco (1530) und dem klassizistischen Palazzo Cappellari della Colomba.

Weithin über die Stadt, das Piavetal und bis hinein ins Zoldano schaut ihr Felswahrzeichen, die schlanke Gusèla an der Schiara. Sie hat schon Tizian begrüßt, als er in seine Bergheimat, das Cadore, hinaufzog. Die Legende beschreibt die Kunst Tizians schöner als alle exakte Wissenschaft: Der große Maler habe seinen Pinsel in den Regenbogen eingetaucht, bevor er seine unvergleichlichen Werke schuf.

Der Kreuzgang am Dom zu Brixen wurde an Stelle eines früheren Kreuzganges um 1200 erbaut. Die Arkaden werden von zierlichen Doppelsäulen mit unterschiedlichen Kapitellen getragen.

Weinstraßen im Vèneto

Selbst wenn man nicht zu den absoluten Weinkennern und Feinschmeckern zählt, so sollte man es doch nicht versäumen, die Spezialitäten der venezianischen Bauerngerichte und die Weine aus Venetien zu kosten. Beim wochenlangen Übersteigen der Alpenkette wurden Muskeln, Herz und Lunge – und natürlich auch der Geist strapaziert. Nach dieser Leistung genießt man mit Recht und besonders intensiv die lukullischen Genüsse Venetiens; schließlich kreuzen wir während der letzen Wandertage vor Venedig die Weißweinstraße – sie ist die älteste Weinstraße Italiens –, und außerdem wandern wir ein Stück entlang der Rotweinstraße. Beide Weinstraßen haben ihren Ausgangspunkt in der alten Weinstadt Conegliano. Sie besitzt bereits seit 1877 eine bedeutende Fachschule für Weinanbau und Weinaufbereitung. Genau gesagt beginnen die Straßen der Weine – wie kann es auch anders sein – bei einer Schänke (»posto di ristoro«) in der Turmruine des alten Schlosses. Sie liegt gegenüber des massiven Wachturms, in dem das Museum von Conegliano untergebracht ist. Die Türme gewähren eindrucksvolle Rundblicke sowohl zum Piave und der Ebene als auch gegen die Hügel der Landschaft um Treviso, die ebenfalls von beiden Weinstraßen durchzogen wird.

Die Weißweinstraße

Sie führt in nordwestlicher und westlicher Richtung über eine Länge von 35 Kilometern durch das Hügelgelände bis hin zum Fuß der venezianischen Voralpen (Monte Cesen, 1569 m). Zuerst steigt die Weißweinstraße zwischen Weingärten und Bauernhöfen auf den Kamm der Hügel hinauf und berührt die Rua di Feletto. Von einem Karmeliterkloster sind hier nur vier Zellen und das Haus des Abtes übrig geblieben. Heute findet es als Rathaus Verwendung. In San Pietro di Filetto lohnt sich ein Besuch der Kirche. Sie besitzt romanische Fresken und einen Bogengang, der sich zu einem wunderschönen Ausblick zu den

Bild oben:
Aus den Trauben, die im Bereich der Weißweinstraße gedeihen, werden die besten Schaumweine Italiens hergestellt.

Bild rechts:
Blick über Arfanta zum Mondragon (436 m). In der Mitte des Bildes quert die Wanderroute von links nach rechts um bald danach die romantische Mühle und die Weißweinstraße bei Rofontolo zu erreichen (25. Wandertag).

Hügeln öffnet. Nach San Pietro macht die Straße eine große Schleife und führt dann hinauf nach Refrontolo. Hier auf der Höhe, wo sich ein weiter Horizont dem Auge darbietet, kreuzt unser »Traumpfad« München-Venedig die Weinstraße. Diese geht weiter, zuerst hinunter nach Pieve di Soligo, steigt dann zu den Sonnendörfern Solighetto und Soligo an, um anschließend in das Herz des Weißweinanbaues nach Farra und San Martino vorzustoßen. Alljährlich im Frühjahr findet hier eine Ausstellung der besten Hügelweine statt.

Die süßen Trauben in den Weingärten von Soglio reifen unter dem Schutz der Wallfahrtskirche von San Gallo, jene vom Col San Martino im umliegenden Bereich der kleinen Kirche von San Vigilio. Das »Allerheiligste«, gemeint ist damit die in Norditalien allseits bekannte Anbauzone des »Cartizze«, der vom Typ her trocken und lieblich sein kann, beginnt bald nach dem Col San Martino, zwischen den Hügeln von Guia und San Stefano. In den charakteristischen Gaststätten an der Weinstraße kann man

Am unteren Piave trifft der Wanderer auf die Rotweinstraße. Gegen Ende September ist dort die Weinlese in vollem Gange.

noch Brot »de casada« bekommen. Gemeint ist damit ein würziges Bauernbrot, das in den noch erhaltenen Holzöfen gebacken wird. Dazu schmeckt vorzüglich die vom Schwein gewonnene Salami Sorpressa. Wer keine Wurst und kein Fleisch isst, für den stehen exquisite Käsesorten zur Wahl. Schließlich führt uns die Weißweinstraße durch San Pietro di Barbozza und, den Piave im Angesicht, an das Ziel nach Valdobbiàdene.

Um einen großen Platz versammelt und überragt von den weißen Säulen der Arcipretale-Kirche, liegt es in einem voralpinen Kessel. Die Kirche von Valdobbiàdene weist bemerkenswerte Werke venezianischer Künstler auf. Wegen ihres angenehmen Klimas ist die Stadt ein vielbesuchter Ort von Sommerfrischlern und Weinkennern; von den letzteren wird sie besonders im September aufgesucht, wenn in der Villa dei Cedri, genannt nach den sie umgebenden Bäumen, die nationale Schaumweinausstellung eröffnet wird. Am schönsten beschließt man den Ausflug entlang der Weinstraße mit einer Sesselliftfahrt auf den 1465 Meter hohen Monte Barbaria. Wie von einem großartigen Balkon aus ist der Blick geöffnet auf die weite Ebene hinunter zum Piave und hinüber zum Grappa und Montello sowie auf die sanft gewellte Hügelkette, die die Weißweinstraße abseits des hektischen Verkehrs durchquert. Zurück zum Ausgangspunkt, der venezianischen Festung Conegliano! Die Stadt der beiden Weinstraßen bewahrt neben dem Schloss weitere bemerkenswerte Zeugnisse vergangenen Glanzes. So stehen im alten Zentrum entlang der schönen Via Venti Settembre Gebäude aus dem 15. und 16. Jahrhundert, und im Dom wird aus dem 14. Jahrhundert eine prächtige Altartafel von Ciambattista Cima (etwa 1459–1518) aufbewahrt.

Die Rotweinstraße

Im Gegensatz zur Weißweinstraße durchquert sie auf einer Länge von etwa 70 Kilometern ausschließlich ebenes Gelände. Sie führt ebenfalls zu zahlreichen historischen und künstlerisch wertvollen Sehenswürdigkeiten. Nach Passieren der Orte San Vendeminao, Mareno (mit venezianischer Villa) und Tezze muss man auf jeden Fall in San Polo di Piave verweilen. An leuchtend klarem Wasser, das von den Quellen des Lia gespeist wird, lädt ein stimmungsvoller Park mit grünen Lauben an einem Weinlokal zur Rast. Als bodenständige Stärkung werden frisch gefangene Aale und rote Krebse angeboten. Die Tradition dieser Speisen zeigt anschaulich ein Abendmahl-Fresko aus dem 16. Jahrhundert im nahe gelegenen Kirchlein San Giorgio. Auf dem Tisch, um den Jesus und die zwölf Apostel versammelt sind, liegen neben Brot und Wein Platten mit Fischen und feuerroten Krebsen.

Wenige Kilometer nördlich träumt von längst vergangenen Jahrhunderten die Turmruine Rai. Sie ist der Rest einer antiken Befestigung aus den Zeiten der Patrizier von Aquileia und der Geschlechter von Ezzelini und derer von Collalto. Ormelle glänzt mit einem romanischen Kirchenportal. Bei Ponte di Piave geht die Fahrt, nach einem Abstecher auf das rechte Flussufer, über Campo di Pietra nach Cessalto. Damit sind wir zu den am weitesten im Süden gelegenen Orten der Weinstraße vorgedrungen, wo in Donegal di Cessalto die Villa Zeno von Andrea Palladio steht. In einem weiten Bogen nach Osten über Chiarone und Malintrade gelangen wir über eine Allee zur orientalisch anmutenden Basilika Santa Maria von den Wundern. Hinter einer eleganten weißen Fassade mit einem Säulengang verbergen sich zwei Kreuzgänge mit Bildern aus dem Leben des hl. Franziskus und Antonius. Hier hat das Hochwasser von 1966 viel zerstört. Über Gorgo al Monticano sind es dann nur noch gut acht Kilometer an das Ziel, zur antiken Stadt Oderzo, die in ihrer langen Geschichte wiederholt zerstört worden ist. Das kleine Museum in Oderzo mit Zeugnissen romanischer Ausgrabungen und verschiedenen Mosaiken dokumentiert die lange Geschichte der Stadt. Um den Domplatz stehen antik bemalte Häuser.

Wollte ich alle Zeugen der großen kulturellen Vergangenheit, die an oder in der Nähe der Weinstraßen stehen, beschreiben, so würde der Platz zwischen diesen beiden Buchdeckeln nicht ausreichen. Außerdem war ja zu Beginn dieses Abschnittes auch noch die Rede von den verdienten leiblichen Genüssen.

Den Weißwein »Cartizze« habe ich schon erwähnt. Mit einer besonderen Qualität kann der »Superiore di Cartizze« aufwarten, der allerdings nur in einer sehr begrenzten Gegend angebaut wird. Da er sich besonders für leichte Vorspeisen eignet, könnte man dazu Brühwürste in Weißwein essen. Eine weitere passende Vorspeise könnte auch aus Seemuscheln, Venusmuscheln, Scampi, Tintenfischen und Krabben bestehen. Das Ganze wird mit Öl, Zitrone, Salz, Pfeffer, Petersilie und Knoblauch zubereitet. Auch der Weißwein »Tocai del Piave« mit seiner typischen, nicht sehr intensiven Blume, oder der trockene und würzige »Verduzzo del Piave« würden hierzu harmonieren. Und wie wäre es anschließend mit dieser Hauptspeise: Schweinebauch, grobe Wurstwaren mit Polenta oder auch Kartoffeln auf venezianische Art? Dazu bestellen wir den rubinroten »Merlot del Piave«, der beim Altern in Granatrot übergeht und dabei ätherischer und noch angenehmer wird. Als Nachtisch seien empfohlen: gebackene Küchlein (Fritole) oder gebratene Creme, beides »alla Veneziana«. Und nachdem eine geglückte Alpenüberquerung zu Fuß ein festlicher Anlass ist, lassen wir dazu einen Prosecco »Spumante« aus Conegliano und Valdobbiàdene auffahren. In diesem Sinne: Prost oder besser Salute!

Menschliche Begegnungen

Am unteren Piave stehen wir nun dort, wo im Juni und im Oktober 1918 die Italiener und die Deutsch-Österreicher sich noch einmal heftig bekämpften. Von der Wanderroute auf dem Damm sehen wir hinein in die Weingärten bei Fossalta di Piave, in denen gerade ein Weinbauer mit Kind und Kegel mit der Weinlese beschäftigt ist. Uns läuft das Wasser im Mund zusammen und so fragen wir, ob wir Trauben kaufen können. Darauf erwidert der Bauer: »Kaufen nicht, aber essen!« Dieser gut gemeinten Aufforderung kommen wir natürlich gerne nach.

Die menschlichen Begegnungen auf der Wanderschaft in den Süden waren meist freundlicher Art. In der Nähe von Nervesa della Battaglia kam uns ein alter Mann mit vorgestreckten Händen und den Worten: »sempre pace, sempre amici« entgegen. Und als wir oben in der Hotelkolonie Nevegal in einem Café zahlen wollten, antwortete der Wirt, es wäre schon erledigt. Unser Besuch sei für ihn ein »Spettacolo«, ein Ereignis gewesen. Anscheinend hatte er aus der Zeitung erfahren, dass einige Deutsche mal nicht mit dem Auto, sondern per pedes nach Italien kommen.

Südlich der Alpen wird allerdings der Anblick eines Rucksackträgers oft nicht mehr mit bewusster sportlicher Betätigung oder einer gesunden Wanderung in Verbindung gebracht, sondern es besteht die Gefahr, dass man für einen Landstreicher gehalten wird. Dies natürlich umso mehr, je mitgenommener man von langen Strapazen und Schlechtwetterperioden aussieht. So waren wir nach der ersten Alpenüberquerung 1973 nach tagelangem Regenwetter in den Verkehrskessel von Vittorio Vèneto abgestiegen. Wegen einer leichten Fußverletzung, die ich mir beim Springen an der Civetta zugezogen hatte, ging ich am Stock, und der Bart war erst zu dreiviertel ausgereift. Meine Frau wurde von Blasen an den Füßen geplagt. Während der Herbergssuche in der Abenddämmerung regnete es erneut in Strömen. Uns erging es wie Josef und Maria: Wo wir auch anklopften und nach Quartier fragten, immer hieß es: »tutto occupato!« Vielleicht wäre unser Eindruck besser gewesen, hätten wir unser Gepäck nicht selbst auf dem Rücken getragen, sondern dafür wenigstens einen Esel mitgeführt. Zum Schluss waren wir froh, in einer viertklassigen Wirtschaft an einer äußerst verkehrsreichen Straßenkreuzung eine Bleibe für die Nacht gefunden zu haben.

Ein Bauer vom unteren Piave. Der älteren Generation sind die harten Kriegstage am Piave von 1918 noch gegenwärtig. So kam uns ein älterer Mann mir vorgestreckter Hand und den Worten entgegen: »Sempre pace, sempre amici!« (»Immer Friede, immer Freunde!«).

Zwei Jahre später: Noch in der Dunkelheit suchten wir den mit Brombeeren zugewachsenen Weg durch den Bergwald talwärts. Die Hütte auf dem Gipfel, in der wir übernachten wollten, hatte wegen Renovierungsarbeiten geschlossen. Im Bergwald hatte Wochen vorher ein Waldbrand gewütet und die Stämme waren angekohlt. Endlich tauchten die Lichter eines Dorfes auf.

Auf unsere Fragen hin verwies man uns – drei Frauen und zwei Männer – an die einzige Gast- und Übernachtungsstätte. Die Wirtin und ihre Mutter – sie waren allein in der abgelegenen Wirtschaft – wollten uns zuerst weder bewirten noch für die Nacht aufnehmen. Große Lire-Scheine, ein Spiel auf der Mundharmonika und die Ankunft des Wirtes wendeten die Stimmung. Zu guter Letzt wurde bei den Melodien der Musikbox sogar getanzt, gemeinsame Gruppenbilder geknipst, und am nächsten Morgen begleitete uns der Wirt ein Stück des Weges. Aus manchen dieser Begegnungen wurden Dauerbekanntschaften; noch nach Jahren schreibt man sich. Sehr herzlich war die Begrüßung nach dem Abstieg von der Schiara durch Vertreter des Alpenclubs von Belluno. Bis an das Ende des Bergsträßchens oberhalb von Bolzano Bellunese waren sie uns entgegengefahren. Nach einer Einladung zu Cappuccino und Grappa transportierten sie unsere schweren Rucksäcke voraus in das Hotel nach Belluno und während eines gemeinsamen Abends bemühten sich beide Seiten nach besten Kräften und erfolgreich, die Sprachschwierigkeiten zu überwinden.

Eine vollkommene Überraschung gelang den Pressefotografen von Lido di Jesolo mit den Vertretern des dortigen Fremdenverkehrsamtes. Wir überlegten an jenem Abend, ob wir nicht bereits in Jesolo übernachten sollten. Außerdem waren wir an einer Straßenkreuzung unschlüssig, welchen Weg wir weiter wählen sollten. Bei völliger Dunkelheit wanderten wir schließlich am Straßenrand auf Lido di Jesolo zu. Da flammten die Blitzlichter der Fotografen auf und man lud uns für den nächsten Tag auf einen Drink zur Fremdenverkehrsverwaltung ein. Die Geschenke in Form von hübschen Bildbänden und einer schriftlichen Sammlung venezianischer Gerichte und Weine erinnern die Teilnehmer der Wanderung noch heute an jene Gastfreundschaft in Belluno und Lido di Jesolo.

Unvergessen bleiben auch die kameradschaftlichen Begegnungen während der Wanderung und abends auf den Berghütten. Wie all dieses zeigt, hilft selbst ein nord-süd-verbindender Wanderpfad, Vorurteile abzubauen. Wir haben dabei menschliche Begegnungen erfahren, die dem Autofahrer auf der Straße weitgehend verschlossen bleiben.

Bild oben:
Krönender Abschluss der intensiven und lang anhaltenden Erholung, die dieser Wanderurlaub vermittelt, ist das Baden im Meer. Spuren, die mit der nächsten Welle schon wieder verschwunden sind...

Bild Seite 108:
Blick auf die Lagune südöstlich von Caposile (vorletzter Wandertag).

Wo Land und Wasser ineinander übergehen

Von Ernst Graf
Die Lagune

Jeder Venedigbesucher kommt mit der Lagune in Berührung. Nähere Bekanntschaft mit ihr macht jedoch nur derjenige, der den historischen Eingang von der See her benützt und nicht den finsteren Hintereingang über den Festlanddamm. Die Lagune und Venedig bilden eine untrennbare Einheit. Beide haben sich in beständiger Wechselbeziehung in ihrer Eigenheit gegenseitig am Leben erhalten. Die Lagune ist ein salzarmes, fischreiches Wattenmeer, etwa von der Größe des Bodensees. Der nördliche Teil, mit brackigem, stehendem Wasser, daher die »laguna morta«, die »tote Lagune« genannt, unterscheidet sich vom südlichen Teil, der »laguna viva«, der »lebenden Lagune«. Dieser Teil ist durch drei Kanäle, die sogenannten »porti«, mit dem offenen Meer verbunden. Dadurch werden Ebbe und Flut wirksam. Der Wasserspiegel ändert sich dabei um rund 85 Zentimeter. Die Landschaft, mit flachen Inseln und Sandbänken, wirkt wie eine Urlandschaft: ohne Wald und Baum, ohne Feld und Acker, eine grenzenlose Öde soweit das Auge reicht. In vorgeschichtlicher Zeit soll sich hier der Höhenzug einer Gletschermoräne erstreckt haben, dessen Reste – nach der Senkung der Po-Ebene – die Inseln und Kuppen der

Lagune sind. Die einstigen Flüsse sind heute die Schifffahrtslinien. Der Canale Grande in Venedig ist das Ende eines Brenta-Armes. Er führt noch immer fließendes Wasser.

Ohne Lagune wäre Venedig vermutlich nicht entstanden. Die ersten Siedler waren auf der Flucht vor Attila, dem Hunnenkönig. Die Lagune gewährte den gesuchten Schutz, denn die Eroberer hatten keine Schiffe. Die Beschützten dankten es ihr, denn sie erhielten nun ihrerseits die Lagune am Leben, lenkten den Lauf der Flüsse von ihr ab und verhinderten damit die Verlandung. Außerdem hielten sie die Gewalt des Meeres durch Dämme in Schach und ließen durch die offen gehaltenen Pforten Ebbe und Flut wirken.

Ravenna und Adria, ehedem ebenfalls Seestädte, waren nicht so weitschauend und wurden deshalb bald zu unbedeutenden Landstädten. Ohne Lagune würde auch Venedig heute nicht die liebenswerte Stadt sein, die wir kennen; sie wäre wahrscheinlich eine ungewöhnliche Stadt mit einigen interessanten Bauten, aber ohne all den Zauber, der eigentlich die Stadt zu dem macht, was sie ist.

Dem »Stadtmörder« Verkehr wäre sicherlich schon früher ein wesentlicher Teil dessen, was sich so für alle Zeit mit dem Begriff »Venezia« verbindet, zum Opfer gefallen. So aber haben die Venezianer sich selbst, die Stadt, die Lagune und uns, die wir das Ganze lieben, vor dieser Trostlosigkeit bewahrt.

Vieles in Venedig ist heruntergekommen, schaut nach Verfall aus. Der Verputz bröckelt von den Häusern, die Feuchtigkeit vernichtet einfache Mau-

ern und Kunstwerke, und Fensterläden hängen schief. Aber wir nehmen es eigentlich gar nicht so recht wahr. In jeder anderen Stadt würde uns dies befremden – nicht so in Venedig. Auch dies ist die Wirkung der Lagune; denn Wasser stimmt weich, Wasser glättet harte Konturen, Wasser überzieht alles mit einem zarten Schleier der Täuschung, der Illusion. Kanäle und Brücken ohne Zahl bewirken dieses Wunder, und so fühlt man sich vom Verfall eher angezogen denn abgestoßen.

Nach diesem Lobgesang auf die Lagune müsste man Venedig eigentlich in erster Linie als »Tochter der Lagune« bezeichnen und dann erst als »Königin der Meere«.

Die Rialto-Brücke am Canale Grande. Sie ist eines der Wahrzeichen der Beherrscherin der Meere. Ihr Fundament bilden jeweils 6000 Holzpfähle an beiden Seiten.

Die Inseln der Lagune

Im 15. Jahrhundert waren es noch ca. 500 Inseln, die sich über die ganze Lagune verteilten, heute sind es vielleicht noch 40. Der riesige Rest ist verschwunden, vom Wasser überspült, mit anderen Inseln zusammengewachsen oder zu Festland geworden. Die klangvollsten, die geschichtsträchtigsten sind geblieben. Venedig selbst ist eine Ansammlung von 100 bis 200 kleinen Inseln. Aus dem historischen Namen »Rivus altus« (hohes Ufer) wurde später der Name Rialto gebildet. Der heutige Stadtteil Giudecca, aus acht Einzelinseln bestehend, war früher Wohnsitz der Juden, dann des Adels und heute der Arbeiterschaft. Ausgesprochenen Inselcharakter haben die im Weichbild der Stadt liegenden Inseln Giorgio Maggiore, San Servolo, San Clemente und San Lazzaro.

Bild rechts:
Blick über den Canale Grande auf die Basilika Santa Maria della Salute.

Bild Seite 113:
Ausblick vom Turm der Kirche San Giorio Maggiore in Richtung Markusplatz (28. Wandertag).

Am Markusplatz. Rechts ein Teil des Dogenpalasts, im Hintergrund die Basilika San Marco.

Giorgio Maggiore prägt das Bild von Venedig entscheidend mit. Die Kirche dort birgt Gemälde von Tintoretto und Jacopo Bassano. San Servolo und San Clemente waren früher Klosterinseln und werden heute als Krankenanstalten benützt. Bedeutend ist die Insel San Lazzare degli Armeni. Ursprünglich Asyl der Aussätzigen, wurde sie 1717 Domizil der vor den Türken fliehenden armenischen Mönche. Sie drucken noch heute Bücher in 36 Sprachen. Der romantische Dichter Lord Byron lebte dort, und König Ludwig I. von Bayern, der Insel und Kloster sehr liebte, bezeichnete die (seinerzeitige) Abgeschiedenheit als »wahres Asyl für den Gelehrten«. Nicht weit ist es bis zum Lido von Venedig. Er ist weltbekannt als Seebad und Kunststätte. Am südlichen Ende des Lido liegt das Städtchen Malamocco, das bis zum 9. Jahrhundert Sitz der Dogen von Venedig war. Ein weiterer Lido (eigentlich eine Nehrung) folgt nach der »Porto di Malamocco« mit dem Örtchen Pellestrina. Als Abschluss der Kette liegt am südlichen Ende der Lagune das reizvolle Chioggia, mit Venedig durch eine Schiffslinie verbunden. Heute ist es der größte Fischereihafen der nördlichen Adria und es ist noch so romantisch verträumt wie Venedig früher war.

Aber wenden wir uns nun den Inseln der nördlichen Lagune zu. Hier tauchen die berühmten Namen auf, an die man ja zunächst denkt, wenn von den Laguneninseln die Rede ist. Murano, Burano und Torcello sind die

Namen, die den Ruf Venedigs mitbegründen halfen. Doch zuerst gibt es da noch die Insel San Michele, zwischen Venedig und Murano gelegen. Sie ist die Friedhofsinsel, Ruhestätte bedeutender Künstler aus aller Welt. Was San Michele für die Toten, ist San Francesco für die Eheleute, denn dort wird traditionsgemäß geheiratet. Und zwischen den beiden wird, falls notwendig oder gewünscht, ein Aufenthalt auf San Clemente eingeplant, denn dort sind die Irren. Von der Insel Vignole kommen Obst und Gemüse. So erfüllt eben jedes Eiland seinen Zweck.

Murano ist die Insel der Glaskunst. Sie ist im Sommer während der Saison laut und geschäftig. Dabei wird viel Kitsch verkauft. Im Spätherbst kehrt die große Ruhe ein. Diese Ruhe schätzten auch die Adeligen, die im 15. Jahrhundert hier ihre Villen und Gärten hatten. In Weiterführung dieser Gärten entstand auf Murano der erste botanische Garten Italiens. Heute ist Murano wegen seiner Glaskunst bekannt. Ursprünglich standen die Glasöfen in Venedig selbst, wegen der Brandgefahr wurden sie aber nach Murano verlegt. Bemerkenswert ist der Dom der Heiligen Maria und des Heiligen Donato im venezianisch-byzantinischen Stil. Wesentlich ruhiger als in Murano geht es auch im Sommer auf der Fischer- und Spitzeninsel Burano zu. Berühmt geworden ist Burano durch seine Klöppelspitzen, die einst in Europa große Mode waren; angeblich besitzt es auch den allerschiefsten Campanile Italiens. Torcello, die entfernteste der Inseln, ist der vielleicht einsamste und stillste Ort im belebten, weiten Rund der oberen Adria. Man schlendert zwischen Kanälen und Weingärten und kann Kirchen und Häuser an zwei Händen abzählen. Die Harmonie zwischen Erde, Himmel und Wasser ist vollkommen. Hemingway liebte diese Insel sehr. Hier umweht einen der große Hauch früher Geschichte. Torcello war vor Venedig Hauptstadt der Veneter, erste Siedlungsstätte der vor Attila Flüchtenden. Neben dem 639 begonnenen Dom steht die breite, mächtige Kirche Santa Fosca. Eine Inschrift im Dom ist das älteste Zeugnis der venezianischen Geschichte. Es wird dort der (angebliche) steinerne Thron Attilas gezeigt. Torcello war schon nicht mehr reich und mächtig und von Venedig längst überflügelt, als im 15. Jahrhundert die Katastrophe kam. Die Malaria soll Torcello völlig entvölkert haben. Wie immer es auch gewesen sein mag, die Stadt starb und diente dem blühenden Venedig nur mehr als Steinbruch für seine Bauten. Der Campanile, der zwischen wucherndem Grün und dem Wasser steht, erinnert an diese längst vergangene Zeit.

Der schönste Salon der Welt

Von Ernst Graf

Von Münchens »Guter Stube« spannt sich der Bogen zur Piazza San Marco, dem »schönsten Salon Europas«. Napoleon nannte ihn so, nachdem er 1797 Venedig widerstandslos erobert und damit die alte Seerepublik, »die Königin der Meere«, ausgelöscht hatte. Da dem »schönsten Salon Europas« als Decke zu dienen nur der Himmel würdig sei, wie Napoleon meinte, legte er selbst Hand an, den Platz so zu gestalten, wie er sich heute noch dem Besucher zeigt. Er ließ auf der dem Markusdom gegenüberliegenden Seite die Kirche San Geminiano abreißen und ersetzte sie 1810 durch den sogenannten »Napoleonischen Flügel«. Dass der Zauber des Platzes durch die Jahrhunderte wirkt, beweist der Dichter Petrarca (1304–1374), der ihn schon zu seiner Zeit als einzigartig pries; und Petrarca war im damaligen Europa wahrlich weit herumgekommen! Noch heute, oder erst recht heute, wird jeder, der das Glück hat, den Markusplatz und seine angrenzende Umgebung zu sehen, tief beeindruckt sein. Diesen Platz würdig zu beschreiben ist ein schwieriges Unterfangen. Der Glanz der Markuskirche im tiefstehenden nachmittäglichen Sonnenschein, das Leuchten und Glitzern der Mosaiken und Fenster, die Bronzepferde im fast goldenen Glanz, die Säulen, Türmchen und Kuppeln darüber, rechts der Dogenpalast, der Uhrturm linker Hand: dieser Anblick wird einem unvergesslich bleiben. Dreht man sich dann vollends nach links, bestaunt man den überaus abwechslungsreichen Uhrturm. Die Uhr, groß und bunt, zeigt all die geheimnisvollen astrologischen und astronomischen Dinge an, die heute kaum mehr jemand versteht. Über der Uhr thront die Madonna mit dem Kind und darüber noch – wie bezeichnend – der geflügelte Löwe, das Sinnbild der Macht und Größe der Republik Venedig. Besteigt man den Turm, hat man einen herrlichen Blick auf das Vorderprofil

Die Palazzi am Canale Grande bestechen mit ihrer venezianischen Gotik.

des Domes und des Dogenpalastes, die Alte Bücherei (Libreria vecchia), die beiden Säulen an der Mole, auf die Insel San Giorgio und ganz im Hintergrund im Süden auf die Weite der Lagune: eine Traumansicht Venedigs. Näher sind uns die »Mohren«, nachgedunkelte, überlebensgroße Bronzefiguren, welche, notdürftig bekleidet, auf dem Turmdach die Stunden an die große Glocke schlagen. Unter dem Turm beginnt die »Merceria«, eine Marktgasse, die eng und über viele Brücken zur Rialto-Brücke führt. Am Markusplatz folgt dann die »Alte Prokuratie«, der Hundertbogen-Bau, und im Hintergrund der »Napoleonische Flügel«, gekrönt mit klassischen Statuen. Weiter nach links, das Karree fortführend, folgt die »Neue Prokuratie«, unter anderem mit dem Museum Correr. Und schließlich der einzig nach oben strebende Bau des Platzes, der Campanile. Mit seinen rund 90 Jahren das weitaus jüngste Bauwerk des Platzes. Nach einem Einsturz war er 1902 wieder genau nach dem alten Plan aufgebaut worden. An seine Ostwand schmiegt sich elegant und zierlich die Loggetta mit Veranda, reich mit Skulpturen verziert. Sie diente einst als Aufenthaltsort der Ratsmitglieder.

Der Platz selbst ist gar kein Platz im eigentlichen Sinn, denn sichtbar münden oder entspringen hier keine Gassen und Straßen, was der ursprüngliche Zweck eines Platzes war. Dass dennoch versteckt einige Gassen abzweigen, ändert nichts am Raum-, am Saloncharakter des Platzes. Blickt man auf den Boden mit seinen Steinplatten und Marmor-Ornamenten oder auf die Arkaden der umgrenzenden Bauten, glaubt man sich in einem alten Ballsaal zu befinden. Hinzu kommt, dass auch kein Denkmal – wie meist üblich – diesen Eindruck zerstört. Oben, vom Campanile aus betrachtet, wird dieser Eindruck weiter verstärkt. Nicht nur, dass die Zeichnung der Marmormuster erst jetzt in ihrer ganzen Komposition wirkt und der Parkett-Eindruck offenkundig wird, nein, durch die sich bewegenden winzigen Menschen und Menschengruppen entsteht nun tatsächlich der Eindruck einer sich im gemessenen Tanze bewegenden Menge; und das obwohl dort oben von der gleichsam wie zum

Tanze aufspielenden Cafè-Kapelle nicht mehr viel zu hören ist. Früher war der Markusplatz ja wirklich der Ballsaal Venedigs, für seine unzähligen Feste und Karnevalsfeiern. Sicher wurde er auch aus dem Wunsche heraus geschaffen, sich frei und ungehindert bewegen zu können – denn eines hatten die Venezianer nie: Platz! Und bis zum heutigen Tage kann man sich hier, am Mittelpunkt Venedigs, frei bewegen, denn alle, Einheimische und Touristen, müssen ihre Autos weit, weit draußen lassen. Auch diese ungewohnte Autolosigkeit macht heute einen großen Teil des unwiderstehlichen Reizes von ganz Venedig aus.

Die Geschichte des Markusplatzes wollen wir hier nur kurz streifen. Einstmals war er ein kanalreicher Klostergarten der Nonnen von San Zaccaria mit Gemüse und Weinbau. Um 930 wurde die St. Markuskapelle als Grabstätte für die Gebeine des Heiligen erbaut, wenig später datiert der Baubeginn für den Campanile. Mitte des 11. Jahrhunderts wurde die Kirche in der heutigen Form eines griechischen Kreuzes mit fünf Kuppeln errichtet, im Jahre 1094 wurde sie unter dem Dogen Vitale Falier eingeweiht. Anfang des 13. Jahrhunderts erlebte der Platz eine erhebliche Vergrößerung, aber der Klostergarten blieb noch bestehen. Unter der Regierung des Dogen Ziani wurde der Kanal Batario – an der Stelle des jetzigen »Napoleonischen Flügels« – zugeschüttet. Ende des 15. Jahrhunderts bekam die Markuskirche ihr heutiges Aussehen, ebenso der Platz, der nun Staats- und Prunkplatz der Republik wurde. Fronleichnamsprozessionen wurden von nun an in prunkvoller

Einer der zahlreichen verträumten Winkel zwischen Markusplatz und Rialto-Brücke mit dem typischem Fußgängersteg und Bootsanlegestellen.

Weise abgehalten (siehe das Gemälde von Gentile Bellini in der Akademie), phantasievolle Kostümfeste prägten das Leben der Stadt, Budenstädte wurden zum Verkauf von gekauften, getauschten und gestohlenen Wunderdingen des Orients errichtet, Feste wurden zu jeglichem Anlass abgehalten. Gründe zum Feiern gab es genug: Siege, Empfänge fremder Gesandter, Turniere usw. Venedig wurde zur Stadt der Feste. Die alten Prokuratien wurden 1514 durch Bartolomo Bon vollendet. Sie dienten als Amtswohnungen für die Prokuratoren, die das Vermögen des Heiligen Markus verwalteten und nach dem Dogen die höchsten Staatsbeamten waren. Die neuen Prokuratien wurden 1583 von Scamozzi begonnen und 1640 von Longhena vollendet. 1722 wurden die heutigen Steinplatten verlegt.

Heute wimmelt der Platz von »stranieri«, von Fremden, und er ist voller Tauben. Geschäftstüchtig sind sie, die Futterverkäufer, die Andenkenverkäufer, überhaupt alle Venezianer, denn die Stadt lebt heute fast ausschließlich vom Fremdenverkehr. Berühmt sind die Andenken: Muranoglas in allen erdenklichen Gestalten und Formen, die Spitzen von Burano und Schmuck zu horrenden Preisen, verkauft unter den Arkaden der Prokuratien.

Müde vom Stehen, Umhergehen und Schauen lassen wir uns auf einem schattigen Cafèplatz nieder. Wir trinken einen Espresso oder Cappuccino und genießen die wuchtigen Töne der traditionellen Sechs-Mann-Kapelle. Der Blick kreist in Muße über den Platz, die schweren, leinenen Vorhänge der Arkadenbögen stechen uns ins Auge. Jeder von ihnen ist anders drapiert, mal nach außen als Vordach abgestützt, mal in der Mitte hochgezogen, wie der Vorhang des Teatro la Fenice. Und manches, was vor und hinter den Vorhängen zu sehen ist, scheint theaterreif: Touristen aus aller Welt, Rubensfiguren in hautengen Shorts, bei deren Anblick die Torwächter des Doms – gäbe es sie noch – in Panik geraten würden. US-Kostüme von erlesenem Geschmack, welche an ein Aufleben des alten venezianischen Karnevals denken lassen, und dazu Bergfexe mit Bundhosen, müden Schrittes in schwe-

ren Bergstiefeln, mit Bärten und Rucksäcken wie Uhrenschmuggler.

Um 21 Uhr findet ein Konzert der »Banda municipale«, der Städtischen Kapelle statt. Der Dirigent muss einen wahren Feldherrnhügel von Pult ersteigen, nein, erklettern. Das Orchester besteht nur aus Bläsern mit drei Streichbässen. Die Oboen und Klarinetten ersetzen die hohen und mittleren Streicher. Den Anfang macht eine ebenso langweilige wie endlose Opernphantasie nach Catalani. Unter den Oboenbläsern ist ein angegrauter Musikus, der nur schwer den Blick von einer blonden Touristin wenden kann. Auch während seiner Einsätze siegt im ungleichen Kampfe zwischen Notenblatt und Zuhörerin stets die »bionda«. Dies scheint für den neutralen Betrachter eine körperlich-sportliche Leistung zu sein, denn Notenblatt und »bionda tedesca« befinden sich fast in entgegengesetzter Richtung – ein Umstand, welcher dem städtischen Musikus ständig Drehungen und Windungen abfordert; aber offensichtliche Übung macht's möglich.

Nach einer Pause kommt Wind auf. Die Peer-Gynt-Suite steht auf dem Programm. Die Zeit verrinnt. Spät in der Nacht gehen wir zu unserem Hotel über die Piazetta zur Riva degli Schiavoni. Die Banda spielt das Stück »Stürmischer Abend an der Küste«. Verwundert spitzen Kirche und Paläste die Ohren. Das sind ungewohnte Töne in der sommerlich braven Lagune. Zuletzt hören wir nur noch eine Oboe.

Sie ist gleichsam der Ausklang eines wunderbaren Tages, den uns Venedig zu einem guten Abschluss unserer langen Wanderschaft geschenkt hat.

Ein Novemberabend angesichts San Giorgio Maggiore.

ANHANG

WANDERTREFF, GEOLOGIE UND DIE FUSSREISE VON ADOLF KOLPING

Als Beleg und zur Erinnerung: Stempel von den Übernachtungs- und Einkehrlokalen.

Alljährlich: Wandertreff am 8. 8. um 8 Uhr am Aufbruchsort des Traumpfades

Die Anfragen um weitere Ratschläge zu der Fernwanderung brachten mich 1987 auf den Gedanken, alljährlich ein Treffen für Wanderer zu veranstalten. Hauptzweck dieser eintägigen Zusammenkunft ist der Austausch von Erfahrungen und Erinnerungen über die Weitwanderungen sowie die Verabschiedung von Fernwanderern, die an diesem Tag nach Venedig oder nach Prag aufbrechen. Sie sind leicht an den großen Rucksäcken zu erkennen. Wer von ihnen am weitesten anreist, erhält ein Traumpfad-Trikot. Im Jahr 1996 ging es an den Bürgermeister der Gemeinde Weimar an der Lahn. Die Herkunft der Weitwanderer, die in München in den letzten Jahren aufbrachen, reicht von England über Nordrhein-Westfalen bis zur Steiermark und von Sachsen bis in die Schweiz. Den Weitenrekord hält ein Vater mit Tochter aus Florida in den USA.

Bereits im historischen Stadtkern von München beginnen die interessanten Eindrücke, zum Beispiel am Denkmal der Julia und mit den Gemälden in den Hofgarten-Arkaden, wo sich Verbindungen zu den fernen Wanderzielen ergeben.

Auch Freunde des Isartales sind bei dem Wandertreff willkommen.

Eine Anmeldung ist nicht erforderlich. Die Teilnahme erfolgt auf eigenes Risiko und um notwendige Übernachtungen kümmern sich die Teilnehmer selbst.

Der Termin 8. 8., 8 Uhr am Marienplatz, im Herzen Münchens, am Aufbruchsort der Weitwanderung ist leicht merkbar und zudem jahreszeitlich passend. Im Spätsommer lässt die Gewitterneigung nach, der Schnee im Gebirge ist weitgehend geschmolzen, das gute Wetter wird beständiger, die Unterkunftshütten sind noch geöffnet und die Linien- und Ausflugsschiffe verkehren.

Nach einem viertelstündigen Aufenthalt in Münchens »Guter Stube« folgt eine Wanderung durch das beliebte Isartal. Einmal ist der schön gelegene Ort Pullach (13 km), das andere Mal das ehemals fürstbischöfliche Ismaning (14 km) das Ziel.

Zur Frage, wann isaraufwärts und wann isarabwärts gegangen wird: In den Jahren mit ungerader Zahl wandert man in Richtung Venedig (ungerade Buchstabenzahl), also flussaufwärts. In den Jahren mit gerader Zahl geht es in Richtung Prag (gerade Buchstabenzahl), demnach isarabwärts.

Der Wandertreff endet gegen 15 Uhr. Beide Routen sind eng an das Münchner Verkehrsnetz angebunden; die Strecke nach Pullach an die S7 (Aying-Wolfratshausen) und die Route nach Ismaning an die S8 (Flughafenlinie). Wer den 8-Uhr-Termin verpasst, kann auch später noch zur Wandergruppe stoßen.

Beim Gang nach Ismaning kehrt die Gruppe von 10 bis 11 Uhr im Gasthof Aumeister am nördlichen Ende des Englischen Gartens ein. Erreichbar ist diese Gaststätte mit der U6 über die Station Studentenstadt. Das Mittagessen wird zwischen 13 und 14 Uhr im Gasthof zur Mühle in der Ortsmitte von Ismaning eingenommen. Von dort sind es 10 Minuten zur S-Bahn-Station.

Bei der Wanderung nach Pullach rasten die Wanderer gegen 11 Uhr am Hinterbrühler See, und zum Mittagessen kehrt man gegen 12.30 Uhr beim Rabenwirt in Pullach ein.

Für die weiter nach Prag bzw. Venedig Wandernden bestehen an beiden Orten Übernachtungsmöglichkeiten. Siehe Angaben im beiliegenden Tourenbegleiter!

Treffen in den Wintermonaten

Geplant sind schließlich regelmäßige Treffen in den Wintermonaten in einem Münchener Lokal (Hofbräuhaus?). Näheres ist beim Buchautor unter der Telefon-Nr. 08171/7942 zu erfahren.

Auf dem Markusplatz, dem schönsten Salon der Welt, ist das Ziel der langen Wanderung erreicht. Ein großes Erlebnis geht zu Ende.

Wandertriathlon von Meer zu Meer

Die Gedanken und Träume über ein Weiterwandern von den jetzigen Zielen Venedig und Prag weiter nach Norden und weiter gen Süden wurden greifbarer, ja zum Teil Wirklichkeit. So erprobte ein Bekannter und ich Radrouten moldau- und elbeabwärts über Dresden, Wittenberg und die Mecklenburger Seenplatte bis zur Insel Rügen. Mein Bekannter will über skandinavische Radrouten in den kommenden Jahren das Nordkap erreichen. Ein Wandern zu Fuß, per Fahrrad und mit dem Schiff bzw. Boot bezeichnet man wohl am besten mit dem Wort »Wandertriathlon«.

Als Verlängerung nach dem Süden bietet sich der Sentiero Italia an. Er durchzieht ausgehend von den Alpen den ganzen »Stiefel« bis zur westlichen Inselspitze von Sizilien. Anbindungen für ambitionierte und erfahrene Hochalpinisten bieten sich entweder an der Lizumer Hütte, der Olpererhütte oder bei der Marmoladahütte an. Dem normalen Fernwanderer empfehle ich, von Venedig aus mit dem Schiff bis Rimini zu fahren und dann den Sentiero Italia östlich von Florenz anzusteuern. Auch über diese weiterführenden Unternehmungen im Nor-

Ludwig Grassler mit dem Wandertreff-T-Shirt, 1997 in Agordo; am Fuß der Felswände verläuft der Traumpfad (21. Wandertag).

den und im Süden wollen wir uns in den kommenden Jahren am Tag des Treffs »8. 8., 8 Uhr« unterhalten.

Zur Symbolik der 6 Kreise des Termins 8.8. 8 Uhr

Der Kreis als geometrisch vollkommene Figur ist ein symbolhaftes Zeichen für mehrere Begriffe. Im Zusammenhang mit dem Erlebnis des Alpen-Traumpfades München–Venedig lassen sich die 6 Kreise der drei Achter folgendermaßen deuten:

1. Schönheit

Die ideale Rundung des Kreises steht als Zeichen für alles Schöne. Zahlreich ist all das Schöne, das den Wanderer auf seiner vierwöchigen Reise beglückt. Erinnert sei nur an die zahllosen und besonders leuchtenden Bergblumen. Wunderschön sind die eindrucksvollen Auf- und Untergänge von Sonne und Mond, und nicht minder schön die glitzernden Tautropfen beim morgendlichen Aufbruch. Wie den Kuppeln der Kirchen liegt all diesen Gebilden die Schönheit des Kreises zu Grunde.

2. Harmonie

Die Form des Kreises ist ein Zeichen der Harmonie. Gemäß der Naturreligion der nordamerikanischen Indianer ist die ganze Schöpfung ein Kreis. Alles ist danach ein Teil dieser Harmonie. Diese Harmonie der Schöpfung kann in der Ausgewogenheit der Kreisläufe der Natur erfahren werden. Ausgewogenheit zeigen aber auch die Bauformen der alten Bauernhöfe ebenso wie die Kunstwerke in München, Belluno und Venedig. Und was wäre schließlich eine so lange Fußreise ohne ein Mindestmaß an Harmonie in der Wandergruppe?

3. Gleichheit

Jeder Punkt des Kreises ist gleich weit von seinem Mittelpunkt entfernt. Beim mühevollen Wandern mit Rucksack in den Bergen sind die Menschen alle gleich. Die Unterschiede, wie wir sie von Beruf und Alltag her kennen, sind aufgehoben. Am Kamin der Berghütte oder auf dem Matratzenlager ist es nicht von Bedeutung, ob einer Generaldirektor oder Fließbandarbeiter ist. Diese Gleichheit kommt auch zum Ausdruck, wenn der naturverbundene Bauer den Fremden wie selbstverständlich mit dem Wörtchen »Du« anredet.

4. Gemeinschaft

Der Kreis stellt eine Gemeinschaft vieler gleicher Punkte dar. Bei einer idealen Wandergruppe gibt der Schwächste das Tempo an und die Stärksten gehen am Ende. Jeder hilft dem Mitwanderer in Notfällen. Bewährt sich die Gemeinschaft zweier Menschen während dieser langen und auch teilweise mühevollen Wanderung, so können sie auch getrost den gemeinsamen Weg durch ein hoffentlich langes Leben wagen.

Die Wanderung durch Bayern, Tirol, Ladinien und Italien dient auch einer völkerverbindenden Gemeinschaft. Was für ein schönes Erleben war doch das gemeinsame Singen von deutschen und italienischen Berg- und Wanderliedern am flackernden Kaminfeuer der Tissihütte!

Zu diesen Gedanken über den Kreis als Symbol der Gemeinschaft passen die Worte eines Sioux-Indianers: »Unsere Zelte waren rund wie Vogelnester und immer im Kreis aufgestellt, im Ring des Volkes, ein Nest aus vielen Nestern.«

Scheinbare Bewegungen der Zirkumpolarsterne am herbstlichen Nachthimmel. Fast in der Mitte der 470 Lichtjahre entfernte Polarstern . (Ein Lichtjahr = 9,46 Billionen Kilometer.)

5. Freiheit

Das Ideal der Freiheit wird mit der Sonne in Verbindung gebracht. Vier Wochen lang wandern wir südwärts ihr entgegen. Frei von vielen Fesseln des Alltags ähnelt das Leben eines Weitwanderers jenem der Nomaden. Je mehr sich der Fernwanderer von scheinbar unentbehrlichen Gegenständen der Zivilisation loslösen kann, umso leichter und freier steigt er über die hohen Jöcher und Scharten.

6. Unendlichkeit

Die Linie eines Kreises ist unendlich. Beim Aufbruch in München und zu Beginn der Wanderung in Oberbayern scheint der Weg über all die vielen Berge bis hin an das ferne Meer unendlich. Nach dieser endlichen Wanderung führt unser Weg jedoch weiter. Bis schließlich die menschliche Seele eintritt in den Raum der Unendlichkeit.

Gesang, Klang und Tracht am Traumpfad

In den Bergen ist echtes Volkstum stärker erhalten geblieben als anderswo. Vor dem Aufkommen des Fremdenverkehrs und vor allem vor dem Autozeitalter lebten die Menschen in den entlegenen Alpentälern ohne nennenswerten Einfluss von der Außenwelt. Viel Bodenständiges in Liedern, in der Musik und in der Tracht konnte sich so aus Urväter-Zeiten in unsere Tage herüberretten.

Die Bewohner der verschiedenen Alpentäler entwickelten im Lauf der Jahrhunderte ihre Eigenheiten. Trotz der gemeinsamen bajuwarischen Abstammung unterscheiden sich die Oberbayern von den Nordtirolern und diese wiederum von den Südtirolern; ganz zu schweigen von den Unterschieden zu den Ladinern und den Italienern. Bei den Rätoromanen rund um den Sellastock bilden die Ladiner aus Corvara oder aus dem Buchenstein andere Eigenheiten aus als jene aus dem Grödner- oder aus dem Fassatal. Die Norditaliener aus den Bergtälern des Agordino, des Zoldano und dem Piavetal um Belluno sind anders geprägt als die Einödbauern im Hügelland und in der Ebene um die Weiß- und Rotweinstraße. Ganz offensichtlich wird der Kontrast bei einem Vergleich der Mentalität der Venezianer mit den Münchnern.

Der große Wanderer Johann Gottfried Seume schrieb: »Wer geht sieht anthropologisch mehr als wer fährt«. Und trotzdem ahnt der Dahinwandernde nur die Vielfalt des noch lebendigen Volkstums, wenn er zufällig bei einem dörflichen Fest dazustößt oder die Einheimischen beim Kirchgang sieht. Ein tieferes Eindringen in das jeweilige Volkstum und ein klares Erkennen der Unterschiede ist auch bei einer Wanderung nicht möglich.

Einen farbenprächtigen Überblick und eine aufschlussreiche Vertiefung mancher Wandererlebnisse würde eine Veranstaltung mit dem Thema »Gesang, Klang und Tracht am Traumpfad München-Venedig« gewähren. Die von den jeweiligen Volksgruppen vorgetragenen Lieder und Musikstücke könnten dabei ergänzt werden mit projizierten Bildern von den dazugehörenden Landschaften und Wanderabschnitten. Die Vielfalt des Volkstums zwischen München und Venedig ist allerdings so groß, dass eine Veranstaltung nicht ausreichen würde, um all seine charakteristische Schönheit darzustellen. So könnte man einmal in München, ein andermal in Venedig und weitere Male in Hall in Tirol, Belluno, Brixen oder in Agordo zusammenkommen. Wird der Veranstaltungszeitpunkt außerhalb der Wander- und Fremdenverkehrssaison gewählt, so wäre damit auch die Voraussetzung für ein zusätzliches Zusammentreffen der Wanderer mit den Wirten vom Traumpfad geschaffen.

Eine Veranstaltung mit diesen unterschiedlichen Gesängen und Klängen, dargeboten in bunten Trachtengewändern, ließe den Reichtum, der in der Vielfalt liegt, aufleuchten. Das Erlebte könnte mithelfen, das Andersartige zu schätzen. Somit wäre dies auch ein kleiner Beitrag im Rahmen des europäischen Einigungsstrebens.

Der Wanderweg – geologisch gesehen

Von Walter Stephan

Alpenüberquerung zu Fuß, d. h. intensive Begegnung mit einem Hochgebirgssystem, dessen fortlaufende Ketten den eurasiatischen Kontinent girlandenförmig umspannen. Es stellt sich uns zunächst als Hindernis zu südlichen Ländern in den Weg und ist zugleich Wetterscheide zwischen dem kühleren Mitteleuropa und dem wärmeren Süden. War das immer so in erdgeschichtlicher Zeit? Keineswegs! Im Erdmittelalter umfasste die Tethys (ein Mittelmeer in anderer Umgrenzung als das heutige) zeitweise das Alpengebiet und sogar noch Teile des nördlichen Alpenvorlandes. Noch aus der Tertiärzeit finden sich am Alpennordrand Gesteinsplatten, die von Muscheln übersät sind und uns in ihrer sandigen Einbettung an oberitalienische Strände erinnern. Erst sehr spät wurden all die Ablagerungen, die sich in den Tiefen und Untiefen der Tethys angehäuft hatten, gefaltet und übereinander geschoben, schließlich in einem heute noch andauernden Akt zum trennenden Hochgebirge erhoben.

Mit der Alpenüberquerung wird uns der Weg geöffnet, sowohl zum Verständnis erdgeschichtlichen Geschehens, als auch zum Erkennen des architektonischen Baus der Alpen, der sich uns zwischen München und Venedig in einem idealen Querschnitt darbietet. München, der Startpunkt unserer langen Wanderung, liegt im nördlichen Alpenvorland, dessen geologischer Aufbau eine quartäre Deckschicht (Flussschotter, Moränen) über tertiären Ablagerungen erkennen lässt. Sowohl das Material der Deckschicht

Ein Silikatblock auf dem Gliderschartl in den Zillertaler Alpen (12. Wandertag) mit verschiedenfarbigen Flechten, die einen Indikator für Luftreinheit darstellen.

als auch das ihrer Unterlage besteht aus dem Abtrageschutt des im Süden sich erhebenden Hochgebirges. Ansonsten zeigen sich aber außer dieser Gemeinsamkeit erhebliche Unterschiede zwischen diesen beiden Formationen, die nicht nur durch die Altersunterschiede bedingt sind. Die quartäre Deckschicht ist einige Meter oder gelegentlich einige zehn Meter stark. Erdöl- sowie Erdgasbohrungen erreichten in den tertiären Schichten hingegen sogar mehr als 5000 Meter. So stellt also das Alpenvorland geologisch eine weite und tiefe Senke dar, die als Bauelement dem Außensaum des aufsteigenden Gebirges zugeordnet ist.

Entlang des Weges nach Bad Tölz (1+2) hat die Isar die quartären Deckschichten der Münchener Schotterebene und des Moränenhügellandes durchschnitten und dabei streckenweise nahe der Talsohle auch den tertiären Untergrund erreicht, worauf Hangrutsche und feuchte Füße der steilen Hänge hinweisen. Bei Rimselrain ist vorerst noch unmerklich der

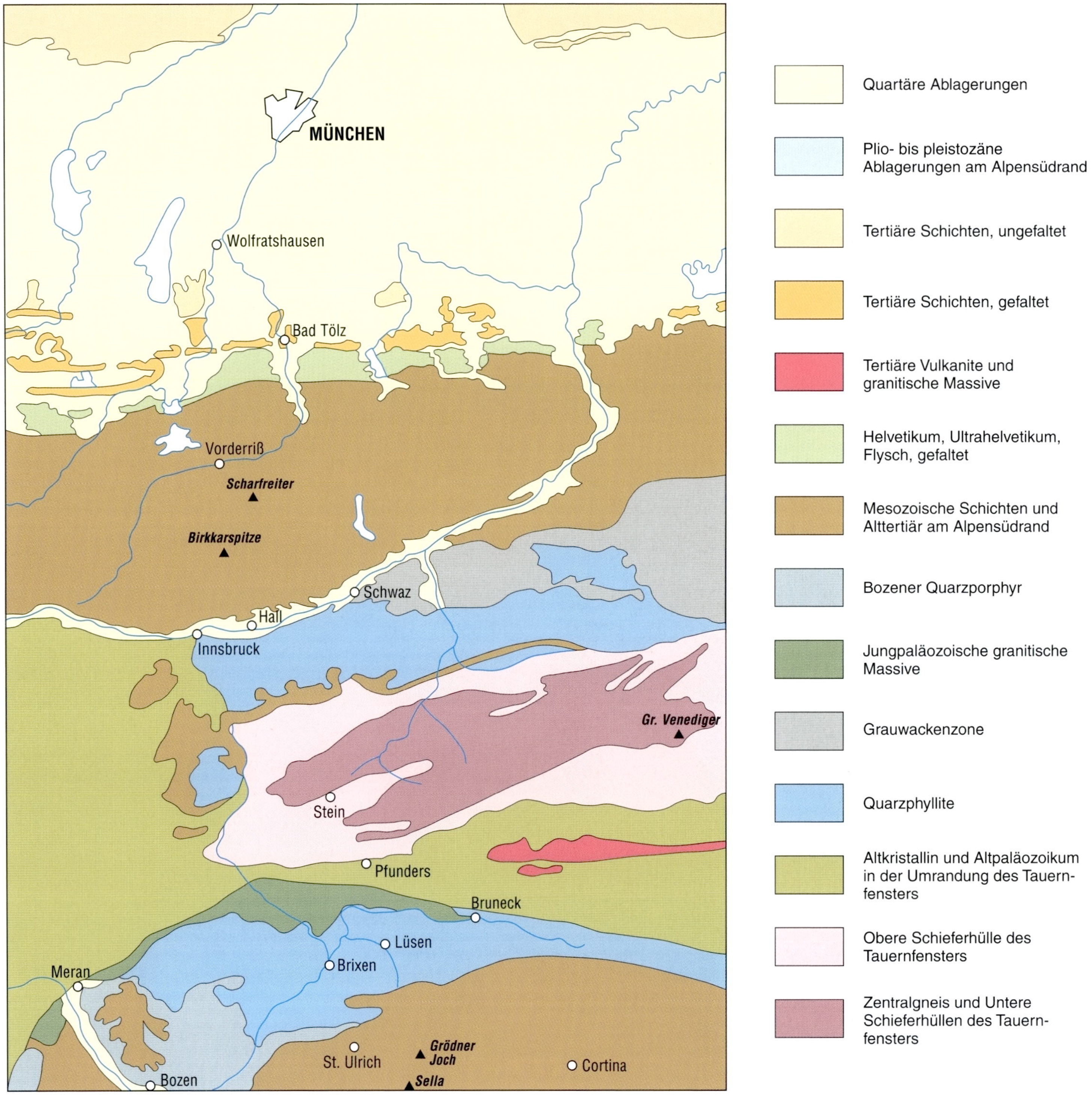
MÜNCHEN
Wolfratshausen
Bad Tölz
Vorderriß
Scharfreiter
Birkkarspitze
Schwaz
Hall
Innsbruck
Gr. Venediger
Stein
Pfunders
Bruneck
Lüsen
Brixen
Meran
Bozen
St. Ulrich
Grödner Joch
Sella
Cortina
Quartäre Ablagerungen
Plio- bis pleistozäne Ablagerungen am Alpensüdrand
Tertiäre Schichten, ungefaltet
Tertiäre Schichten, gefaltet
Tertiäre Vulkanite und granitische Massive
Helvetikum, Ultrahelvetikum, Flysch, gefaltet
Mesozoische Schichten und Alttertiär am Alpensüdrand
Bozener Quarzporphyr
Jungpaläozoische granitische Massive
Grauwackenzone
Quarzphyllite
Altkristallin und Altpaläozoikum in der Umrandung des Tauernfensters
Obere Schieferhülle des Tauernfensters
Zentralgneis und Untere Schieferhüllen des Tauernfensters

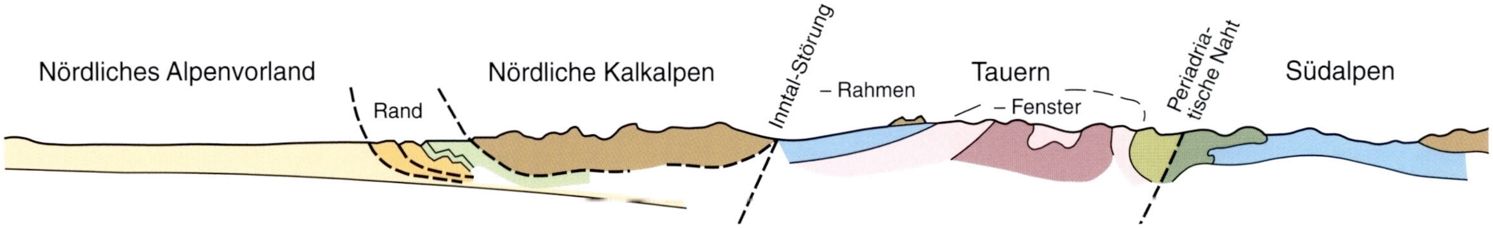
Nördliches Alpenvorland
Rand
Nördliche Kalkalpen
Inntal-Störung
– Rahmen
Tauern
– Fenster
Periadriatische Naht
Südalpen

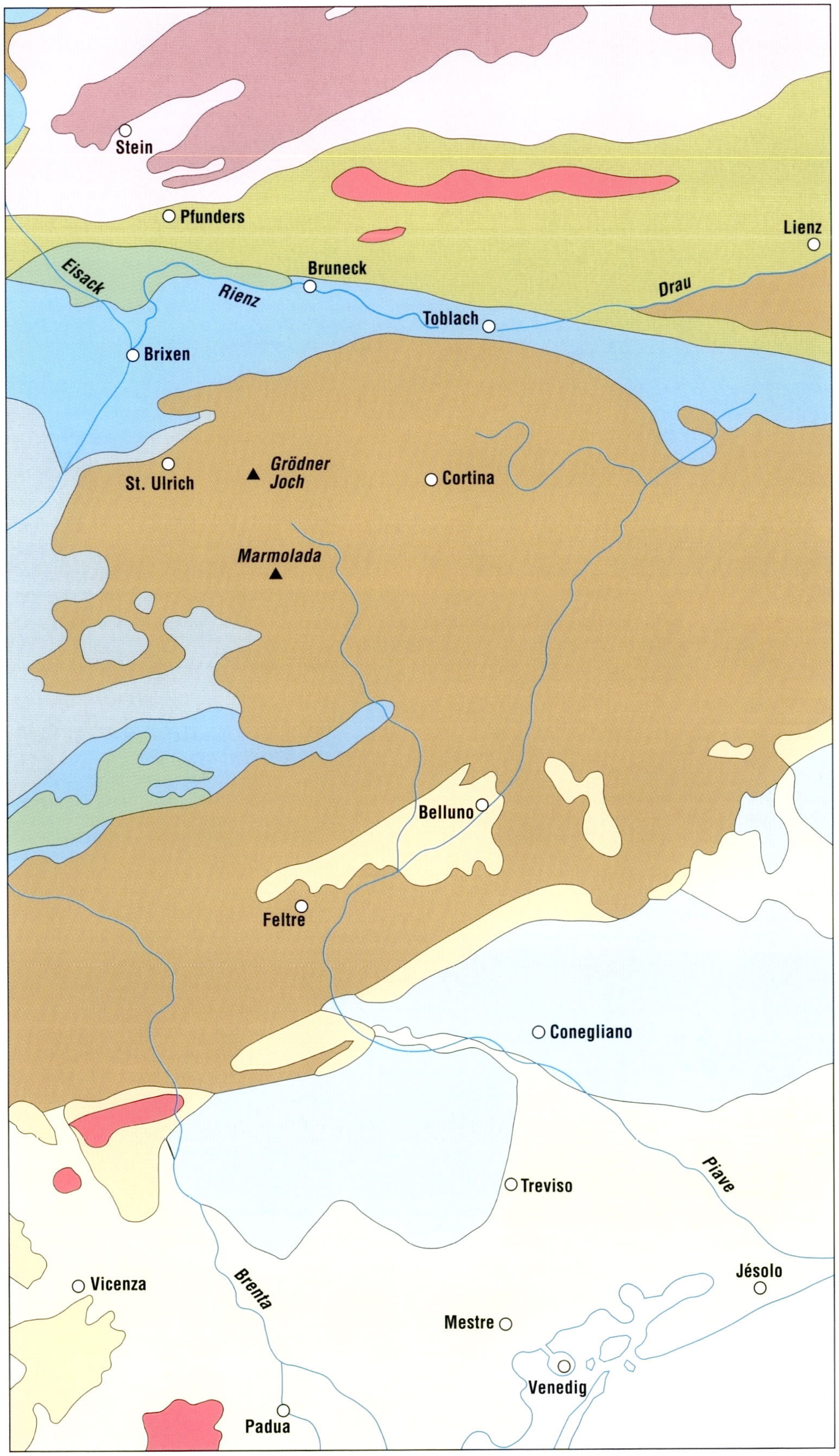

Struktur nach schon der Alpenrand erreicht. Von hier bis über Tölz hinaus finden sich ältere tertiäre Schichten, die durch die Alpenfaltung hochgeschoben und dabei gefaltet worden sind und das bisher angetroffene, ungefaltete Jungtertiär der nordalpinen Randsenke überlappen. Durch den Pechkohlebergbau und tiefe Erdölbohrungen wurde uns der strukturelle Bau erschlossen. Nach Süden zu schließen sich noch stärkere Überschiebungen meist kreidezeitlicher Gesteinsserien an. Sie werden unter den Namen Helvetikum (Tölzer Jodquellen) und Flysch (Blomberg, Zwiesel) zusammengefasst. Vermutlich liegen auch sie noch über dem ungefalteten Jungtertiär der Alpensaumsenke. Damit wird bereits hier der alpine Baustil aufgezeigt: Ursprünglich nebeneinander gelegene Gesteins-Einheiten sind eng zusammengefaltet, verschuppt und dabei auf andere Einheiten, wie hier auf das Molassebecken, von Süden nach Norden überschoben worden (siehe Profil).

Von Lenggries an (3) engen schroffe Felswände das Tal ein, die Nördlichen Kalkalpen sind erreicht: vorwiegend Kalkstein, Dolomite der Trias-, Jura- und teilweise Unterkreidezeit, einst abgelagert in der Tethys, bilden sie heute das oberste Stockwerk im Bau der Ostalpen. Um Lenggries ist noch die Vielfalt triassischer und jurassischer Gesteine vertreten, unter denen der Wettersteinkalk als Felsbildner hervortritt. Vom Isarengtal unterhalb des Sylvensteinspeichers an (4 + 5) begleitet uns über Vorderriß hinaus bis etwa zur österreichischen Grenze der Hauptdolomit. Das meist gut gebankte Gestein,

Anmerkung: Zur Erläuterung der Karten und der Wanderroute können nur stichwortartig Hinweise gegeben werden. Nähere Angaben sind den geologischen Spezialkarten und -arbeiten zu entnehmen. Die Zahlen in Klammern (im Fließtext) weisen auf die einzelnen Wandertage der Route hin.

vermutlich in einer Lagune abgelagert, kann bis über 2000 Meter mächtig werden. Breite Schutthalden stehen oft hoch an den Hängen an. Wir durchqueren dann das Karwendel (6 + 7), geprägt von den hellen, schroffen Felsen des Wettersteinkalkes. Der Abstieg zum Inn wird hoch über dem Fluss durch eine breite Talstufe unterbrochen. Sie liegt über einer erstaunlich mächtigen Schichtenfolge aus Seetonen und Schottern, die vor und vielleicht gleichzeitig mit dem Vorrücken der Gletscher der letzten großen Eiszeit am Hangfuß der Alpennordkette gebildet worden sind.

Das Längstal des Inns folgt einer großen Störungslinie. So tritt jenseits des Flusses (8), fast bis zur Lizumer Hütte, ein Gesteinsverband aus dem Erdaltertum auf: der Innsbrucker Quarzphyllit. Diesseits des Flusses könnte er, längs der Inntalstörung relativ abgesunken, im südlichen Karwendel tief unter den Nördlichen Kalkalpen liegen.

In den Tarntaler Bergen, vor Erreichen der Lizumer Hütte, werden die silber- bis bleigrauen Quarzphylitte unvermittelt von erdmittelalterlichen (mesozoischen) Kalken überlagert, die denen der Nördlichen Kalkalpen gleichen und u. a. die Gipfel des Hippold, der Sonnenspitz und der Torwand bilden.

Von der Lizumer Hütte nach Süden (9) begleiten uns anfangs noch Reste mesozoischer Kalke, die im Reckner einen Serpentinstock enthalten. Dann aber begegnen uns (9–12), den Hauptkamm querend, mineralogisch bunte, kristalline Gesteinsserien im strukturell tiefsten Stockwerk der Alpen. In einer breiten Aufwölbung treten erst Schieferhüllen (9) und schließlich im Zentrum Zentralgneise (10) auf; sie enthalten alte Gesteinsverbände, die mit ihren granitischen Tiefengesteinen intensiv durchbewegt und zu Augen- und Fasergneisen umgeprägt worden sind. Wir durchqueren den vom Olperer beherrschten Bereich des Zentralgneises zwischen Tuxer- und Pfitscherjoch (10–11). Beim Abstieg nach Pfunders (11–12) sind die diesseitigen Schieferhüllen des Zentralgneises erreicht. Von Pfunders ab (13) durchwandern wir den hier ca. 5 Kilometer breiten Südrahmen des Tauernfensters aus kristallinen Gesteinen und erreichen bei Weitental eine sich weit hinziehende Störung, die »Periadriatische Naht«. Mit ihr ist die strukturelle Nordgrenze des südalpinen Bereichs erreicht. An der Störung ist der Brixener Granit emporgedrungen, der uns bis zum Erreichen des Pustertales begleitet. Über Lüsen hinaus (14) steht dann mit dem Brixener Quarzphyllit ein Gestein an, das dem Innsbrucker Quarzphyllit ähnelt. Am Querweg, der nach Osten über das Würzjochhaus nach St. Martin führt, erreichen wir schließlich den Beginn der perm-, trias- und jurazeitlichen Schichtfolgen der Dolomiten.

Die Gesteinsserie der Dolomiten entspricht ihrem Alter und ihren Bildungsumständen nach teilweise der Gesteinsausbildung der Nördlichen Kalkalpen. Im Unterschied zu diesen sind die Schichten der Südlichen Kalkalpen weitaus weniger gefaltet und überschoben worden. Bei meist flacher oder wenig geneigter Lagerung und enormen Schichtmächtigkeiten konnte sich daher eine großartige Schichtstufenlandschaft entwickeln. In ihr bewirkt das Nebeneinander von hellen Korallenriffkalken und dunklen Lava- und Tuffgebilden farbliche Kontraste.

Zu Beginn des Anstiegs (14) zur Schlüter-Hütte stehen zunächst die permischen Schichtfolgen der Gesteinsserie an: zuunterst der meist rötliche, aber auch graue bis grünliche Grödener Sandstein, darüber löcherige Dolomite, Mergel, dunkle Kalke der Bellerophon-Schichten. Im Hangfuß des Peitlerkofel folgen dann in ähnlicher Ausbildung triassische Schichten, zuunterst die Werfener, dann die Gracilis-Schichten und mit dem Sarl-Dolomit schließlich die erste typisch dolomitische Kalkriffbildung. Darüber liegen in einem schmalen Band die Buchensteiner Schichten, zusammengesetzt aus zonenweise verschieden gefärbten Mergelkalken. Abschließend erhebt sich dann in großer Mächtigkeit bis zum Gipfel der Schlerndolomit. Eine ähnliche Schichtenfolge wie hier wird mit einigen Ergänzungen weiterhin anzutreffen sein. So zeigt die Sellagruppe (16) einen breiten Sockel aus Schlerndolomit. Über ihm, getrennt von einem schuttüberdeckten Band aus Raibler Schichten, ist der Sella eine Kappe aus gut gebanktem Hauptdolomit aufgesetzt, mit der die triassische Folge hier abschließt.

Beim Abstieg von der Sellagruppe (17) stehen am Pordoijoch und unterhalb erst die fossilreichen Cassianer Schichten (Kalke, Sandsteine, Mergel) und dann tuffitische Sandsteine und Konglomerate an. Diese begleiten uns auch noch auf der östlichen Talflanke vor und hinter dem Fedaiapass (18), während im Westen das Kalksteinmassiv der Marmolada jäh ansteigt. Mit dem Aufstieg zur Tissihütte (19) wird der Sockel des Monte Civetta erklommen. Der Höhenweg zur Carestiatohütte (20) und zur Pramperethütte (21) nutzt die durch den Gesteinswechsel bedingte Geländestufe, indem er sich an das auch hier von der Unterlage abgesetzte, schuttüberdeckte Band aus Raibler Schichten hält. Darüber liegt wiederum der Hauptdolomit, der jedoch in diesem Bergmassiv wie in seiner Fortsetzung von liassischen Kalken überlagert wird.

Die Fortsetzung des Weges von der Pramperethütte am Fuß des Hauptdolomits und der Abstieg in das Piavetal nach Belluno (22–23) führt in die Gesteinsserien der Südlichen Kalkalpen, d. h. in jura- und kreidezeitliche Ablagerungen (verschiedene Kalke, u. a. rote Ammonitenkalke, Mergelkalke u. a.). In der Umgebung von Belluno durchqueren wir ein tertiäres Becken, dessen älteste Ablagerungen ähnlich dem Flysch der Nördlichen Kalkalpen ausgebildet, jedoch ungefaltet sind. Die Strecke nach Revine (24) bleibt zunächst weiterhin im tertiären Flyschbecken und seinem kreidezeitlichen Südrand. Kurz vor Revine treffen wir noch auf einen schmalen Streifen aus Jura-Gesteinen.

Revine liegt am Rand der Südlichen Kalkalpen. Die Strecke bis Prilula (25) führt durch das südliche Alpenvorland. Zunächst ist auch hier eine schmale Zone älterer, jedoch ungefalteter, tertiärer Schichten ausgebildet. Sie tauchen nach Süden unter eine breite Decke aus jüngeren tertiären Schichten. Das weist uns noch einmal auf die strukturellen Unterschiede im Bau zwischen Nord- und Südalpen hin. Auf dem Weg nach Venedig (26–27) treffen wir nur mehr die jungen und jüngsten Aufschüttungen des Piave und anderer Alpenflüsse. Sie füllen mit ihrer Fracht in großer Mächtigkeit die gegenwärtig noch aktive Senke am südlichen Außensaum des Gebirges. Das Ziel unserer Alpenüberquerung bei Jesolo oder am Lido von Venedig bringt den ebenso verdienten wie erfrischenden Kontakt mit den Fluten des Mittelmeeres. In einem Augenblick der Muße sollten wir uns an die Tethys mit ihren Meeresablagerungen erinnern, die wir überquert haben und auch an die Vorgänge, die zur Umbildung der Gesteinsschichten bis zu ihrer Erhebung zum Hochgebirge geführt haben.

»…während im Westen das Kalksteinmassiv der Marmolada jäh ansteigt.« Teil der mehrere Kilometer breiten Marmolada-Südwand im Bereich der berühmten Kletterroute »Weg durch den Fisch«.

Dieses Porträt von Adolf Kolping stammt aus dem Jahr 1841.

Adolf Kolping

Wanderung von München nach Venedig und zurück vom 26. August bis 8. Oktober 1841

Lebensdaten:

Geb. 8. 12. 1813 in Kerpen bei Köln; gest. 4. 12. 1865 in Köln.
Ausbildung als Schuhmacher;
1837– 841 Besuch des Gymnasiums
1841–1845 Theologiestudium in München (3. 5. 41–4. 4. 42), Bonn und Köln
1845–1849 Kaplan in Elberfeld
1849–1862 Domvikar in Köln; ab 1862 für sein soziales Werk freigestellt.

Kolping gründete die Gesellenvereine (Grundlage des späteren Kolpingwerkes zur Förderung kath. Gesellen in religiöser, sozialer und beruflicher Hinsicht) und gestaltete sie familienmäßig aus (Kolpingfamilie, Kolpinghäuser); Sitz: Köln.

Touristische Übersicht nach dem Reisetagebuch Adolf Kolpings:

1. Reise- und Wandertag 26. 8.

Um 12.30 Uhr *München* durch das Sendlinger-Tor verlassen.
18.00 Uhr Ankunft in *Wolfratshausen*.

2. Reise- und Wandertag 27. 8.

Gleich nach 5 Uhr Aufbruch; Besuch der Hlg. Messe in Königsdorf; 13 Uhr am Fuß des Kesselberges; kalte Milch im Dorf Walchensee; 19 Uhr in Krün an; von *Wolfratsh.* bis *Krün* sind es 16 Poststunden.

3. Reise- und Wandertag 28. 8.

5.30 Uhr *Krün* ab; gegen 8.00 Uhr in Mittenwald; $^3/_4$ Std. bis Scharnitz; gegen 12 Uhr in Seefeld (Mittagspause); 17.30 Uhr Ankunft in *Innsbruck*, Einkehr im Gh. Goldener Stern; 15 Poststunden; Auslagen von München bis Innsbruck: 1 Taler und 10 Silbergr.

4. Reisetag 29. 8.

Besichtigungen in *Innsbruck*: Kirche Wilten, Hofkirche, Tiroler Landesmu-

seum (Ferdinandeum), Berg Isel; Warten auf Müller.

5. Reisetag 30. 8.

Innsbruck; Ausflug zur Martinswand; Route zur Höhe verfehlt; zu ³/₄ den Solstein erstiegen; schließlich doch noch zur Maximilianshöhle.

6. Reisetag 31. 8.

Innsbruck; mit Müller durch die Stadt; zum Jesuitenkloster an der Universitätsstraße; nachmittags zu den Redemptoristen und auf eine nahe Anhöhe zum Malen.

7. Reisetag 1. 9.

Innsbruck; geschrieben; mittags nochmals zu den Redemptoristen; nachmittags mit Müller zum Malen; Pass in Ordnung machen; Einpacken; ein erwarteter Gefährte aus München traf nicht ein; mit weiteren Rheinländern will man in 10 Tagen in Me-

Kolping kam bei seiner Fußreise auch durch Wallgau. Am Haus die Heilige Dreifaltigkeit des Lüftlmalers Franz Karner.

Bild Seite 135: *Riva am Gardasee (im Hintergrund), links darüber das Bergmassiv der Rocchetta. Vorne ein Teil von Torbole. Adolf Kolping erreichte Riva an seinem 20. Reisetag.*

ran zusammentreffen, Müller hat Empfehlungsschreiben für Leute im Zillertal.

8. Reisetag 2. 9. – 4. Wandertag

Innsbruck ab um 7.30 Uhr; Frühstück in Hall; Besuch der Kirche in Volders; mittags in Weer; Besuch der Hauptkirche in Schwaz; bis zum Abenddunkel nach *Straß*.

9. Reisetag 3. 9. – 5. Wandertag

Von *Straß* nach *Fügen* im Zillertal; 1 Std. Gehzeit; Schüller aus München gesellte sich dazu (in Innsbruck verpasst); Einkehr im Gh. »Zum Reichsadler«; mittags dann auf eine Alm.

10. Reisetag 4. 9.

Fügen; Bergtour; hlg. Messe besucht, dann mit Müller und Schüller einen Bergrücken bestiegen.

11. Reisetag 5. 9. – 6. Wandertag

Nach Kirchenbesuch in *Fügen* Aufbruch; um 14.30 Ankunft in *Zell*; Einkehr beim Neuwirt; Müller will 8 Tage hier bleiben; Kolping ließ Pass nach Trient visieren; Wirtshausabend mit den Einheimischen.

12. Reisetag 6. 9. – 7. Wandertag

In *Zell* Aufbruch um 5.30 Uhr; Müller begleitete Kolping und Schuller 3 Std. lang; Kolping wollte über das Tuxertal nach Sterzing; Schüller setzte sich mit der folgenden Route durch: gegen 11 Uhr in Dornauberg; Übersteigen des Pfitscherjoches; bei einbrechender Nacht im *Pfitschertal*; Ankunft bei einer Kirche mit stattlichem Haus bei Dunkelheit; Bauernkneipe per excellence; Bett oder Heu? Letzteres (ein Stück Wand ausgefallen und ein Quell brauste daher!).

13. Reisetag 7. 9. – 8. Wandertag

St. Jakob im Pfitschertal; Vor Tag aus dem Heu; Rast in Sterzing; Gestern auf dem Joch den Fuß verrenkt; gegen 10 Uhr Aufbruch in Sterzing, in 3¹/2 Std. zum Jaufen; 3 Std. bis *St. Leonhard*, vor Einbruch des Abends Ankunft im Tal; Einkehr im Sandhof bei den Nachfahren des Andreas Hofer.

14. Reisetag 8. 9. – 9. Wandertag

Erholsame Nacht; Enkel von A. Hofer auf dem Sandhof (ein Sohn Hofers ist in Wien); in St. Martin (Passeiertal) zur Messe; Saltaus; 4 gute Std. *bis Meran*; Einkehr in der Krone; Beinschmerzen; nach Tisch zum Schloss Tirol; die erwarteten Studenten waren bereits abgereist und Kolping hofft sie morgen in Kaltern zu treffen.

15. Reisetag 9. 9. – 10. Wandertag

Bis 10 Uhr wegen Ausbessern der Schuhe in *Meran* gewartet; teure Zeche; in Burgstall ca. 10 km von Meran entfernt 1 Std. Mittagsrast; über Gargazon, Vilpian und Terlan; über die Etsch; St. Paulus – Eppan – St. Michael (Südtiroler Weinstraße nördl. von Kaltern); noch 1 Std. bis Kaltern; insgesamt 7 Std. Gehzeit; verabredungsgemäß 2 weitere Freunde getroffen; Nun gehts zu viert weiter!

16. Reisetag 10. 9. – 11. Wandertag

Zum Franziskanerkloster, Messe; dann um 7.30 Uhr zum Haus der Stigmatisierten Maria von Mörle (»Heilige von Kaltern«); mittags in *Kaltern*; um 14.30 Uhr nochmals zur Stigmatisierten dann in ein paar Std. am Nachmittag nach *Neumarkt*.

17. Reisetag 11. 9. – 12. Wandertag

8 Std. Wanderung von *Neumarkt nach Trient;* an der Etsch entlang über Lavis (26 km von Neumarkt und 10 km vor Trient); um 15 Uhr in Trient.

18. Reisetag 12. 9. – 13. Wandertag

Besichtigung der Stadt *Trient*; nachmittags *nach Calliano* (liegt auf halben Weg nach Rovereto).

19. Reisetag 13. 9. – 14. Wandertag

Aufbruch in *Calliano* in der Morgenfrühe; der Etsch entlang; gegen 8 Uhr in Rovereto; Frühstück im Wirtshaus »Zum deutschen Kaiser«; Besuch einer Seidenspinnerei; bis Riva 4 Std.; gegen

11 Uhr erster Blick auf den Gardasee; Ankunft in *Riva* um 12 Uhr; Quartier im Gh. zur Sonne; Kahnfahrt pro Person 6 Kreuzer.

20. Reisetag 14. 9.

Riva; Besichtigung der Stadt; 1 Std. Gang nach Arco; Mittags wieder in Riva.

21. Reisetag 15. 9. – 15. Wandertag

Abfahrt des *Schiffes von Riva nach* 9 Uhr; um 3 Uhr in *Lazise*; Wanderung nach *Verona*.

22. Reisetag 16. 9.

Besichtigung von *Verona*; gegen 3 Uhr wollten sie zum Tor hinaus; doch die Polizei schickte sie wieder zurück; sie hatten bei der Ankunft die Pässe nicht vorgereicht bzw. sie waren ihnen nicht abverlangt worden.

23. Reisetag 17. 9. – 16. Wandertag

Aufbruch in *Verona* um 4.15 Uhr; große Landstraße, sempre dritto (immer geradeaus); gegen Mittag Montebello; Regen; Reisegruppe; mit Kutsche in das 3 1/2 Std. entfernte Vicenza; dann zu Fuß bis *Sokko*.

24. Reisetag 18. 9. – 17. Wandertag

Erste halbe Std. ab *Sokko* Regen; Reissuppe in der Poststation; mit Wagen bis zum 3 1/2 Std. entfernten Padua; zu

Auch das reizvolle Städtchen Bassano lag auf Kolpings Weg. Die alte Holzbrücke ist das Wahrzeichen der Grappastadt.

Fuß durchs Tor in die Stadt; Messe im Dom zum hlg. Antonius; zur Kirche der hlg. Justina; alte Universität, das größte Kaffeehaus Europas; – zum Tor hinaus; 1 Std. bis an das Ufer der Brenta, viele Villen; Dolo (auf halbem Weg zwischen Padua und Venedig) – Mira (ca. 4 km östl. von Dolo); müde und schläfrig in der Gondel von Mira nach *Venedig*.

25. mit 28. Reisetag 19. mit 22. Sept. 4 Tage in Venedig

Besichtigungen; am 20. 9. zum Lido; am 22. 9. nach Murano.

29. Reisetag 23. 9. – 1. Wandertag der Rückwanderung

6.30 Uhr Aufbruch in *Venedig;* Wegfahrt mit einem Pater und einem jungen Theologen; gegen 8 Uhr wieder in Volsin aufs Festland (südl. v. Mestre); im Wagen entlang der Brenta nach *Padua*.

30. Reisetag 24. 9. – 2. Wandertag

Besuch der hlg. Messe in *Padua*; dann durchs Tor und wieder der Brenta entlang, nach *Cittadella* (ca. 29 km nördl. von Padua).

31. Reisetag 25. 9. – 3. Wandertag

Cittadella – Bassano; eine kleine Std. hinter Bassano wieder im Gebirge; die

Bild Seite 139: »Abstecher auf die Seiser-Alm – Dorf Seis – eine Std. bis Kastelruth.« Kastelruth (hinten) und Seis vom Burgstall des Schlern gesehen. Im Vordergrund die Santnerspitze.

Brenta rauscht; nach dem Mittagessen in die Höhle von Oliero (Fluss und Ort gleichen Namens); abends Ankunft in *Primolano* (ca. 60 km s. ö. von Trient).

32. Reisetag 26. 9. – 4. Wandertag

Früher Aufbruch in *Primolano*; um 6.30 Uhr schon in Tezze (ca. 11 km östl. von Trient); hier Messe und Frühstück (meist als Suppe); geplante Tagesreisen nun jeweils 10 bis 11 Std.; durch das Val Sugana – Borgo an der Brenta (auf halben Weg zwischen Primolano und Pergine); hier Mittag; Levico (10 km vor Pergine); Einkehr im »Tiroler Adler« in *Pergine*.

33. Reisetag 27. 9. – 5. Wandertag

Von *Pergine* aus einen Felsenpfad hinauf in ein Hochtal mit Dörfern und Seen; Piné (Baselga de Piné etwa 15 km nördlich von Pergine) ist ein Gnadenort; – in Pedol (Zw. Pine und Sovero) Mittag; bei Sovero (ca. 15 km s.w. von Capriana) auf eine Anhöhe; von da Ausblick in das Tal mit dem Bach Almaso; am Ende des Tales, gegenüber auf einer Höhe das weltberühmte Dörfchen Capriana; noch 2 Std.; Milchsuppe und ein Heulager; Heu meist feucht und keine Decke; kein Schlaf.

34. Reisetag 28. 9. – 6. Wandertag

Noch vor Tag aus dem Heu und an das Feuer; hlg. Messe; Milchsuppe im Wirtshaus von Capriana; Besuch der 26-jhrg. Domenika Lazari (stigmatisiert seit 7 Jahren); Aufbruch; nach 2 Std. Wandern auf eine Anhöhe, dann großartiger Blick auf das Etschtal mit Tramin und Kaltern und die Gegend von Bozen und Meran in weiter Ferne; ein Mitwanderer verabschiedete sich, ein weiterer will bald scheiden; in Auer Mittag; vor Abend Einkehr im Wirtshaus gegenüber der Pfarrkirche in *Bozen* (gut).

35. Reisetag 29. 9. – 7. Wandertag

5.30 Uhr Aufbruch in *Bozen*; den Kuntersweg der Eisack hinauf; Abstecher auf die Seiser-Alm – Dorf Seis – eine Std. bis Kastelruth; hier Mittag – in St. Ulrich gegen 3 Uhr; 3 Std. das Tal hinab; Ankunft um 19 Uhr bei Vollmond in *Leyen*; fast 11 Std. gewandert.

36. Reisetag 30. 9. – 8. Wandertag

»Nein, bald bin ich des Wanderns müde …«; das 6. Mal hintereinander eine 10 Std.-Wanderung und morgen soll sie wieder gleich lang werden!
Mit Tagesanbruch Aufbruch in *Leyen*; 1 Std. bis Klausen und somit wieder auf der Landstraße; in 3 Std. bis Brixen; Besuch der Haupt- und Pfarrkirche; Franzensfeste – Mittewald – Mauls – *Sterzing*.

37. Reisetag 1. 10. – 9. Wandertag

Kolping wünscht sich schon in München zu sein; Marsch von Padua bis Innsbruck in 7 Tagen und einigen Stunden oder in 76 Std.; »wer es uns nachtun will, mags versuchen … « Aufbruch in *Sterzing* bei Sternenhimmel; – Brenner – in 3 Std. zum Posthaus an der Wasserscheide (die Dachrinnen eines Nebenhauses leiten ihre Wasser in 2 verschiedene Meere!); eine gute Std. nach Gries; in Stafflach zweigt Nottebaum ab; er geht durch das Tuxertal nach dem Ziller; mit Schüller wieder allein; längs der Sill in Richtung Innsbruck; in Matrei Mittag; Ankunft in *Innsbruck* um 16.30; Unterkunft wieder im Gh. Stern, Zi Nr. 37 (dasselbe wie hinzu).

38. Reisetag 2. 10.

Vollkommene Ruhe! Jedoch dann doch zum Schloss Ambras (1 Std. entfernt); Schüller zur Martinswand, er kommt erst um 21.30 Uhr zurück, hatte sich auch verstiegen.

39. Reisetag 3. 10. – 10. Wandertag

Hlg. Messe in *Innsbruck*; in *Fügen* Müller und die 2 Studenten getroffen; im selben Wirtshaus genächtigt.

40. Reisetag 4. 10.

In *Fügen* bei Müller; die anderen Studenten sind nach Salzburg abgereist; »Des Laufens satt und das Geld nah zu Ende.«

41. Reisetag 5. 10. – 11. Wandertag

Ebenso wie am Anfang: Wandern allein; Müller ist noch im Zillertal und

Kolping will ihm in München eine Stätte bereiten; vormittags Aufbruch verschoben, da Regen; mittags dann schließlich *Fügen* verlassen; Jenbach – 2 Gehstunden langer Achensee; gutes Wirtshaus im Dorf *Achental.*

42. Reisetag 6. 10. – 12. Wandertag

In guter Früh von *Achental* aufgebrochen; Regen! Das 1. Mal auf der Reise pudelnass! Trockene Kleidung im Tornister; Einkehr in *Glashütte*; die Wirtschaft ist der rauhen Gegend angemessen.

43. Reisetag 7. 10. – 13. Wandertag

Im Morgengrauen von der *Glashütte* aufgebrochen; Wildbad Kreuth – Tegernsee – *Sauerlach*; 12 Std. Wanderung; Eingeholt, was gestern der Regen verhinderte.

44. Reisetag 8. 10. – 14. Wandertag der Rückwanderung

Sauerlach – München; gegen Mittag Reise gut beendet. Deo gratias!

Zusammenfassung:

17 Wandertage in Richtung Venedig
4 Tage in Innsbruck und Umgebung
1 Tag in Fügen/Zillertal (Bergtour)
1 Tag in Riva am Gardasee (nach Arco)
1 Tag in Verona
4 Tage in Venedig und Umgebung
14 Wandertage in Richtung München
1 Tag in Innsbruck (zum Schloss Ambras)
1 Tag in Fügen bei Müller

Das Reisetagebuch ist erschienen in den Adolf-Kolping-Schriften, Band 1, herausgegeben von H. J. Kracht, 1975, 2. Auflage von 1981; Kolping-Verlag GmbH Köln. In dem 344-seitigen Werk entfallen 98 Buchseiten auf die Beschreibung der Fußreise München-Venedig.

Es ist derzeit leider vergriffen, kann aber in Bibliotheken eingesehen werden.

Tagebucheintrag über den 12. Reise- und 7. Wandertag (Zell am Ziller-Pfitschertal, Querung des Alpenhauptkammes)

Auf der Pfitsch, 6. Sept(ember) (1841)

Jetzt will ich Euch, meine Lieben, auch mal eine Reise erzählen, die zwar nur einen Tag in sich faßt, aber mehr Stoff zum Schreiben darbietet als sonst wohl acht Tage, wenn man auf Mühe, Schweiß, Hunger, Durst, Gefahr, Hoffnung und Furcht Rücksicht nimmt. Diesen Morgen brachen wir um $5^1/_2$ Uhr, nachdem wir Kaffee getrunken und unsere mäßige Zeche bezahlt hatten, von Zell auf. Der Wirt, der sich überall als zuvorkommend bewiesen, begleitete uns eine Strecke, Müller mit seinem Zeichengeräte zog vollends mit auf ein drei Stunden entferntes Tal zu. Der Himmel versprach uns schön Wetter, wir waren munter und fröhlich gestimmt. Die Umgebung wurde wilder, die Berge gewaltiger, durch die niedern Wolkenschichten ragten die Schneekuppen hoch gen Himmel. Doch ist dies noch nicht frischer Schnee, der bei wenig Sonnenschein schon schmilzt. Bis Mayrhofen (2 Stunden) wollte Müller mitgehen, dort aber zeigte sich schon ein nettes Tal in der Ferne, und er ging noch was mit. Hierher versteigt sich schon selten ein Fremder, die Kinder laufen fort und die großen Leute schauen verwundert die sonderbaren Leute an, die da so mutig den Bergen zuwandern. Bald gelangten wir an einen Scheideweg, da ging ein Weg durch das Tuxertal nach Sterzing, ein anderer über das Pfitscher Joch dorthin. Für den ersten Weg war ich, für den zweiten Schüller. Ich hatte den angenehmeren, sichern wenn auch um einige Meilen weitern Weg im Auge, Schüller rechnete drauf, billiger zu reisen und schneller am Ziele zu sein. Sein Plan drang durch, wir wollten unser Heil versuchen. Noch eine kleine Strecke begleitete uns Müller, bis wo eine Brücke über den bei 150 Fuß tiefen Ziller führt, von einem Felsen zum andern, schon ein schauerlicher Anblick, wenn man vom Tal hinaufkommt. Jetzt schlossen sich die Felsen eng zusammen, wild brauste das Bergwasser einher. Unser Abschied war kurz, aber nicht ohne Wehmut.

Wir zogen weiter, nur unserer Laune überlassen, er saß in einem fremden Lande unter fremden Menschen, ganz allein, rings um sich nur die großartige Natur. Doch geschieden mußte es sein, wir zogen weiter. Unser Pfad führte uns längst dem Flusse hinauf, der in einer Tiefe von mehreren hundert Fuß von Fels zu Fels

Auf der Pfitsch; der Langsee am Pfitscher Joch.

stürzte und sein brausendes Getose zwischen den Felswänden empor zum Himmel schickt. Die Schlucht war kaum hundert Schritte breit, wo der Pfad hinaufführte, und unter uns der tosende Fluß und über uns noch steile, hohe Felswände, die sich immer weiter und weiter aufwärts zogen, bis wir endlich sie in einer Schneekuppe auslaufen sahen. Unser Pfad war übrigens fest und sicher, wenn auch oft riesige Felsen darüber her hingen und Waldbäche Stücke vom Wege fortgerissen hatten, notdürftig war er wieder zusammengeflickt. Was das Beste dabei war, die Schlucht war kühl und hinderte das Ausbrechen des Schweißes in etwa, welcher bei derartigem Steigen die meiste Unbequemlichkeit verursacht. Diese wildromantische Schlucht dauerte eine gute Stunde, dann dehnte sich die Aussicht ein wenig aus, bald ein kahles, wildes Tal, worin nichts zu sehen war als hin und wieder ein Alpenhäuschen, eine Kuh, die an den Felsen hinkletterte, dann ein Alpenhirt, der langsam seine Wege schlendert. Auch begegneten noch dem Wanderer Leute, welche den Käs' von der Alm (Alp) in das Tal bringen, robuste, oft schmutzige Gestalten, dürftig gekleidet, aber mit einer überaus gesunden, blühenden Gesichtsfarbe. Vor dem erwähnten Passe begegnete uns auch eine ganze Herde schwarzer Schafe.

Gegen 11 Uhr vormittags gelangten wir an ein Dörfchen, Dornauberg, wo eine kleine Kirche, ein Häuschen für den Geistlichen, ein Wirtshaus und einige Hütten den Weiler ausmachten. In dem Wirtshause aßen wir Milch, dann besuchten wir den ehrwürdigen Pater, der Liguorianer ist und uns wirklich in dieser öden, einsamen Gegend wie ein Engel vom Himmel erschien. Er bewirtete uns mit Bier und Brot, das Beste was er hatte. Über seine Pfarre will ich jetzt nur sagen, daß sie sich auf drei bis vier Meilen in die Runde erstreckte und mit Gefahr und Mühe in Fülle verbunden ist. Was sonst noch dazugehört, kommt ein anderes Mal. Von dort wurde unser Weg immer einsamer, das Tal rauher, steiniger, die Berge rings um uns waren mit Schnee bedeckt, Bergwasser brausten von allen Seiten einher. Nicht ohne ein beengendes Gefühl schritten wir einer Bergkette zu, wo wir weder einen Übergang noch sonst einen Paß entdecken konnten. Indes fand sich wieder ein Weg, der noch immer leidlich aussah; wir gelangten in ein anderes Tal, das durch seinen wilden Charakter das frühere noch überbot. Nur selten trafen wir Menschen, und begegnete uns einer, so fragte er uns: Wohin? Antworteten wir: über das Pfitscher Joch, so schüttelten sie bedenklich den Kopf. Was das zu bedeuten hatte, wurde uns erst später klar. Eine Strecke gingen wir mit Alpenhirten, die mit der Kraxe (Kiepe) auf dem Rücken wieder ihren Bergen zurückwanderten; diese zeigten uns den Weg, und wir mußten nun einen Pfad zwischen Steinblöcken, Gestrüpp und umgefallenen Baumstämmen suchen. Es ging zu beträchtlicher Höhe hinan, und der Pfad wurde immer gefährlicher. Nebenher in der Tiefe brauste ein Wildbach, von den Höhen stürzten die Quellen, schauerliche Stille sonst, keine lebende Seele mehr um uns, nur die Natur in ihrer ganzen Einsamkeit. Für den Durst hatten wir Wasser, wie es aus dem Felsen quoll oder von der Höhe herniederströmte, aber für den Hunger, der sich wohl hier geltend machte, war nichts aufzutreiben, auch hatten wir unvorsichtigerweise nichts mitgenommen.

Endlich gelangten wir wieder an eine Alpenhütte, ich wollte den Weg

Bild Seite 143: *»Von den Höhen stürzen noch immer die Bergwasser (…)«*

ausfragen und trat an die Türe. Drinnen saßen schmutzige, rußige Gestalten um ein Feuer und schienen sich ein Essen zu bereiten, aber alles sah so elend, schmutzig und widerlich aus, daß mir nicht möglich war, hier hineinzugehen. Wie zerstiebt der erträumte Reiz einer Alpenwirtschaft, wenn man sie in der Nähe besieht! Als wir nun des Weges wieder versichert waren, schritten wir getrost weiter. Es war nachmittags $3^1/_2$ Uhr, und von morgens 8 Uhr waren wir stets gestiegen, und doch waren wir noch lange nicht auf der Höhe. Der Körper war müde und matt, aber der Geist raffte seine ganze Kraft zusammen, hier den Sieg davonzutragen. Die Schneekuppen traten uns immer näher, wir stiegen immer mehr zu ihnen hinan. Endlich ging die Sonne hinter den Bergen unter und wir wußten eigentlich nicht, wann, wie und wo wir einmal ans Ziel kommen würden. Kaum eine Viertelstunde weit lag der Schnee seit Zeit Noahs, mannshoch, festgefroren wie Kristall. Da in dieser schauerlichen, öden Gegend, wo jede Vegetation fast zu Ende geht, die Fichte kümmerlich am Boden hinkriecht und ungekanntes Moos den Boden bedeckt, da fanden wir noch Alpenhirten, aber verwilderte Gestalten, die in jedem andern Lande als Tirol dem Wanderer Schrecken verursachen würden. Das Vieh weidete bis zu der Schneeregion hinan, langhaarige Ziegen sprangen über die Felsen. Hütten lagen am Flusse, die kaum den Namen verdienten. Die Sprache der Hirten war kaum verständlich, nur die Richtung des Weges und wir begnügten uns.

Jetzt galt's eine letzte Kraftanstrengung, noch eine Stunde und wir waren oben. Wir fanden frischen Schnee und kühlten damit unsere durstigen Lippen. Die Höhen wurden schroff, kahl, Wolken hingen um dieselben, die Luft sah winterlich aus, ein eisiger Wind kam uns entgegen. Noch ging's immer höher, der Schnee lag dichter, schwer war der Pfad zu erkennen, endlich verlor er sich unter dem Schnee. Der Anblick der Berge auf dieser Höhe ist das Schauerlichste, was ich in meinem Leben gesehen. Der Berg bildet Kessel, die Ränder sind schroff und kahl, wild und zerstreut liegen die Felsblöcke umher, unter denen das Schneewasser zusammenfließt. Von den Höhen stürzen noch immer die Bergwasser, welche eine prachtvolle Ansicht gewähren, aber man ist müde und matt, der Mut hängt an einem Zwirnfaden, alles ist schauerlich geworden. Der Schnee liegt nun so dicht, daß man ungefähr die Richtung einhalten muß und über die Felsblöcke springen, oft auch der Gefahr aussetzt, 2-3-4 Fuß tief einzusinken.

Nach unsäglicher Mühe gelangten wir auf die Höhe, die wohl eine der höchsten Linien von Tirol ist, wo der ewige Schnee liegt und welche nur kühne Wanderer besteigen. Oben war es noch hell, unten im Tale lagerte sich schon der Abend. Aber welche Wonne, als wir von dem Gipfel des Berges unten im Tal wieder menschliche Wohnungen und eine Kirche erblickten! Mit Jauchzen hätten wir sie begrüßen mögen. War nun das Hinabsteigen nichts weniger als gefahrlos und hatten wir mindestens noch drei Stunden nötig eh wir zu dem Dorfe gelangten, so belebte doch die Hoffnung unsere Schritte, und wir stiegen hinab. Waren wir oben fast vor Kälte erstarrt, so tauten wir allmählich nun wieder auf. Ohren und Hände brannten uns außerordentlich.

Mit einbrechender Nacht waren wir unten, nun suchten wir einen Weg nach dem Dorfe, das wir erreichten, als wir kaum noch den Pfad sehen und die Häuser unterscheiden konnten. An der Kirche lag ein stattliches Haus, wir glaubten, das Wirtshaus. Dort klopften wir. Eine kreischende Stimme fragte was wir wollten, ohne uns indessen die Türe zu öffnen. Wir wollten nur das Wirtshaus wissen. Ja, das liege da drunten. Endlich öffnete der Geistliche (es war der Pfarrhof) das Fenster und bezeichnete uns das Wirtshaus genauer. Wir gingen weiter. Endlich gelangten wir dorthin. Es war eine Bauernkneipe par excellence. Der Wein war gut, Milchsuppe und hartes Brot das einzige Labsal. Indessen waren wir auch so abgemüdet, daß wir fast nichts mehr genießen konnten. Wir forderten ein Bett. Der Wirt bot uns erst entweder das Heu oder ein Bett an. Er schritt mit einer Laterne voran, wir folgten, unser Gepäck unter dem Arme. Endlich gelangten wir auf den Heuschober, dort hatte er einiges Bettzeug hingebreitet, und wir mußten uns die sonderbare Lagerstatt gefallen lassen. Neben uns war ein Stück Wand ausgefallen, ein Quell brauste nebenher. Kalt war es zum Zittern. Wir krochen ins Heu, und nun gute Nacht.

Impressum

Titelabbildung: Speckkarspitze (rechts) und Kleiner/Großer Bettelwurf in der Gleiersch-Halltal-Kette des Karwendels. Im Talnebel verbergen sich Hallerangerhaus und Hallerangeralm, das Überschalljoch und die Isarquelle. (Foto: Bernd Ritschel)

Umschlagrückseite: Karwendelgebirge im Vordergrund der Walchensee. (Foto: Ludwig Graßler)

Bildnachweis: Antes&Antes: Seiten 46 links, 47, 70, 72/73, 78/79, 83, 141; Elisabeth und Manfred Birkle: Seiten 104 links, 123; Hans Fendl: Seiten 60, 61; Max F. Heldwein: Seite 89; Horst Höfler: Seiten 23, 25, 33, 36 rechts, 42, 43, 44, 46 rechts, 48 unten, 49 unten, 82, 84 unten, 98, 112, 114, 116, 118/119, 131, 133, 135, 139, 143; Eugen E. Hüsler: Seiten 92 links, 94 rechts; Karl Hupp: Seite 10; Monika Kositzki: Seite 105 rechts; Eckehard Radehose: Seiten 16, 48/49, 84 oben rechts, 90/91, 93; Bernd Ritschel: Seiten 50, 56, 59, 62/63, 76, 84 oben links, 85, 86, 88; Erik Vos: Seiten 24, 54/55, 94 links; Gerlinde M. Witt: Seiten 136/137; alle übrigen: Ludwig Graßler.

Bilderklärungen:
Seiten 8/9: Ausblick von der Benediktenwand über die mit Wolken verhangenen Jachen- und Isartal hinweg auf das Karwendel.
Seite 10: Ausblicke voraus: vom Gipfelstock der Birkkarspitze zum Olperer.
Seite 11: Ausblicke zurück: von der Marmolada zum Olperer.
Seite 12: Ausblicke voraus: von der Marmolada zum Nevegal.
Seite 13: Ausblicke zurück: vom Nevegal zur Marmolada.
Seite 16: Traumland Dolomiten; die wilden Kletterberge der Bosconerogruppe vom Monte Pelmo aus.
Seite 28: Wolfratshausen. Jenseits der Loisach die barocke St.-Andreas-Kirche.
Seite 34: »Hauptdarsteller« am alljährlichen Leonharditag in Bad Tölz.
Seite 44: Der Gipfelaufbau der Birkkarspitze mit den Steigspuren des Normalanstiegs. Etwas rechts der Bildmitte der Schlauch-karsattel, über den man aus dem Karwen-deltal ins Hinterautal wechselt.
Seite 56: Am Rauenkopf in den Tuxer Voralpen. Im Hintergrund der Zillertaler Hauptkamm.
Seite 68: Ausblick von der Straße Stein-Pfitscher Joch auf das rote Beil (Bildmitte). Im linken Taleinschnitt geht's zum (unsicht-baren) Gliderschartl.
Seite 76: Die vergletscherte Nordflanke der Marmolada.
Seite 98: Gondeln auf dem Canale Grande in Venedig.
Seite 120: Gipfel der Birkkarspitze.

Höhenprofil: Entwurf und Zeichnung Anton Graßler, Traunstein. Colorierung und Änderungen im Höhenprofil sowie geologische Karten Eckehard Radehose, Holzkirchen.

Karten im Tourenbegleiter: Anneli Nau, München

Routenverlauf und Fernwanderwege-Netzkarte: Christian Rolle, Holzkirchen

Alle Angaben dieses Werks wurden vom Autor sorgfältig geprüft und auf den aktuellen Stand gebracht sowie vom Verlag auf Stimmigkeit geprüft. Für die Richtigkeit der Angaben kann jedoch keine Haftung übernommen werden. Für Hinweise und Anregungen sind wir jederzeit dankbar. Bitte richten Sie diese an:

Bruckmann Verlag
Lektorat
Innsbrucker Ring 15
D-81673 München
E-Mail: lektorat@bruckmann.de

Die Deutsche Bibliothek – CIP-Einheitsaufnahme

Ein Titeldatensatz für diese Publikation ist bei der Deutschen Bibliothek erhältlich

Gesamtverzeichnis gratis:
Bruckmann Verlag,
Postfach 80 02 40,
D-81664 München

Internet:
www.bruckmann.de
www.bergsteiger.de

aktualisierte Auflage

Printed in Italy by Printer Trento S.r.l.
ISBN 3-7654-4206-2